Andrea Dietrich · Jörg Sauerbier
Fotografiert von Claus Bach

WEIMAR

Ansichten und Einblicke

Andrea Dietrich · Jörg Sauerbier
Fotografiert von Claus Bach

WEIMAR

Ansichten und Einblicke

MILITZKE VERLAG

Weimar gilt als die Stadt in Deutschland, die man besuchen muß, um europäischen Geist zu atmen, um ein Wechselbad zu nehmen im warmen und kalten Hauch der Geschichte, der diesen Ort durchzieht.
Dieses Buch legt den roten Faden der Ariadne durch die engen Gassen der Altstadt und die verschlungenen Wege der Parks, entlang der Straßen und Plätze, hin zu jenen Orten, die, geprägt vom Geist ihrer Zeit, in ihrer Gesamtheit das Besondere der kleinen Stadt Weimar ausmachen.
Es führt hinaus zu reizenden Schlössern und Gärten, aber auch nach Buchenwald zu einem der bittersten Zeugnisse menschlicher Grausamkeit.
Der Streifzug zeigt Weimar von seinen Anfängen über die große Zeit der Klassik bis in die heutigen Tage.

Like no other city Weimar makes the German culture and history visible: it was here where Lucas Cranach and the court organist Bach worked, where Goethe and Schiller, Wieland and Herder wrote world literature, where Franz Liszt formed a centre of modern music. The picture of the Thuringian jewel was marked not least by the Weimar Republic, the art of Bauhaus and the Nietzsche cult. Romantic castles and parks make the surroundings especially inviting. But also Buchenwald, the former concentration camp on the Ettersberg, is part of Weimar's history.

Weimar's magical attraction received a new dimension when it was elected to be Europe's cultural capital in 1999.

The theologian Johann Gottfried Herder, entrusted with ecclesiastical functions in 1776, lived next to the church. In this place he wrote his profound philosophical papers. In 1850 a memorial dedicated to this great humanist was erected.

The oldest church of Weimar, situated on the Herderplatz, was built in the years from 1245 to 1249. This was also the time when Weimar was founded as a city by the counts of Weimar and Orlamünde.

Weimars Geschichte beginnt in der zweiten Hälfte des 5. Jahrhunderts. Grabungsfunde lassen vermuten, daß sich hier einer der bedeutendsten Orte des Thüringer Königreiches befand. Die ältesten erhaltenen Urkunden der Jahre 975 und 984 berichten von »Wimares« und »Wimari«, was, aus dem Althochdeutschen übertragen, »heiliger See« oder »Seeheiligtum« bedeutet.
Drei Siedlungsgebiete wuchsen im Lauf der Jahrhunderte zusammen. Auf dem Jakobshügel stand 500 Jahre n. Chr. ein altthüringisches Dorf. Im frühen 13. Jahrhundert gründete sich Oberweimar um das Kloster der Zisterzienserinnen. Dazwischen dehnte sich eine Siedlung zu Füßen der Burg am linken Ilmufer aus, die mit einer inneren und einer äußeren Stadtmauer umgeben wurde.
Zu ihrem Mittelpunkt entwickelte sich der heutige Herderplatz. Über ihn führte damals, noch heute an der Straßenführung erkennbar, der gesamte Verkehr der Stadt.
Ein erstes Bethaus wurde hier in den Jahren 1245 bis 1249 errichtet. In diese Zeit fällt auch die Stadtgründung durch die Grafen von Weimar und Orlamünde. Jedoch erst mit der Verleihung des Stadtrechts durch die bedeutende Landgrafenstadt Weißensee im Jahre 1410 durfte sich Weimar eine »landgräflich-thüringische Stadt« nennen. 1424 brannte Weimars erste Kirche bereits ein zweites Mal. Ende des 15. Jahrhunderts erhielt sie vom Deutschritterorden ihren spätgotischen Hallenbau. Lediglich der Innenraum wurde im 18. Jahrhundert dem Zeitgeschmack entsprechend verändert. Im Zweiten Weltkrieg zerstörten Bomben Dach und Teile der Inneneinrichtung. Ihr Wiederaufbau bis 1953 wurde auch mit Spenden finanziert. Prominentester Geldgeber war Thomas Mann, der seinen 1949 in Weimar erhaltenen Goethe-Preis

»Wie müde ich des Zusammenhanges mit Fürsten und Fürstinnen geworden bin, die immer unverständige Kinder bleiben, deren unsereins nicht lenken kann.«

Herder an Karoline Herder
am 3. April 1789

stiftete. Kein Geringerer als Martin Luther predigte zwischen 1522 und 1525 mehrfach in diesem Gotteshaus.
Ein herrlicher Schmuck macht die den Heiligen Peter und Paul geweihte Stadtkirche zum Pilgerort der Kunsthistoriker: Der dreiflügelige Altar ist das letzte Werk des achtzigjährigen Lucas Cranach d. Ä. Es wurde 1555, ein Jahr nach dem Tod des Meisters, von seinem Sohn vollendet.

Herzog Carl August betraute 1776 den Theologen Johann Gottfried Herder mit den Ämtern des Generalsuperintendenten und des Oberpfarrers der Stadtkirche. Herders anfängliche Begeisterung über die neue Arbeit in Weimar währte nicht lange. In einem Brief an Georg Haman im Januar 1777 machte er seinem Ärger Luft: »Ich freute mich auf diese Gegenden wie ein Kind, glaubte die Grundlage alter Anstalten wenigstens so tüchtig und gut zu finden, daß man mit Freuden darauf stehen und bauen könnte, bin aber sehr betrogen. Ewige Vormundschaften, schwache Tyrannen- und Weiberregierungen haben alles so hinsinken lassen, durcheinander gemengt und geworfen, daß alles weicht, wonach man fasset.« Die Amtswohnung des großen Humanisten befand sich hinter der Kirche. Hier entstanden seine tiefgreifenden philosophischen Schriften und seine umfangreiche Volkslieder-

sammlung »Stimmen der Völker in Liedern«. Er traf sich auch mit Goethe, dem er, seit ihrer Begegnung in Straßburg 1770, freundschaftlich verbunden war. Auf der Grabplatte Herders, die unter der Orgelempore der Stadtkirche eingelassen ist, steht sein berühmter Leitspruch: »Licht-Liebe-Leben«. Herderkirche heißt heute im allgemeinen Sprachgebrauch das Gotteshaus, vor dem 1850 als erstes Weimarer Dichterdenkmal das Herderdenkmal von Ludwig Schaller aufgestellt worden war. In ihren Räumen fanden neben Angehörigen des Wettiner Fürstengeschlechts auch Herzog Bernhard von Weimar, der berühmte Heerführer des Dreißigjährigen Krieges, und Herzogin Anna Amalia als letzte des ernestinischen Geschlechts ihre Ruhestätten.

An der Westseite des Herderplatzes steht eines der ältesten Häuser Weimars, der Sächsische Hof. Es wird erstmals 1429 als Besitz des Deutschritterordens erwähnt. Die benachbarte Rittergasse erinnert an die ursprüngliche Nutzung des Hauses als befestigte Ritterwohnung. Der spitze Renaissancegiebel stammt aus dem 16. Jahrhundert.
Auch Johann Wolfgang Goethe wohnte bei seinem ersten Aufenthalt in Weimar vom 7. November 1775 bis zum 18. März 1776 im geschichtsträchtigen Sächsischen Hof.
Gegenüber erhebt sich das 1566 gebaute sogenannte Deutschritterhaus, ein prächtiges Beispiel Weimarer Renaissancearchitektur. Von 1803 bis 1848 gehörte es der Schauspielerin Caroline Jagemann, der Freundin Carl Augusts. Später wurde das mit seinen spätgotischen Gewölben sehenswerte Erdgeschoß gastronomisch genutzt.
Eines der wenigen Fachwerkhäuser Weimars findet sich, ein paar Schritte vom Herderplatz entfernt, am Eingang in die Scherfgasse. Die Geleitschenke erhielt ihren Namen erst nach dem Zweiten Weltkrieg, als hier bis 1958 eine Gaststätte betrieben wurde. Das um 1560 erbaute hochgiebelige Haus diente ursprünglich der Lagerung und Weiterverarbeitung der Waidpflanze, des berühmten Blaufärbemittels des Mittelalters, und hatte nie etwas mit dem Geleitwesen zu tun.
Am Ende der Scherfgasse wirbt das Zeichen der Pavillon-Presse für die kleine Druckwerkstatt im Haus des Hofmarschalls Johann Wilhelm Christian von Schardt (1711-1790). Die eigentliche Attraktion des Hauses aber versteckt sich im Hinterhof: der »Goethe-Pavillon«. Diesen kleinen Rokokopavillon mit seinen liebevollen Stukkaturen im

A magnificent example of Weimarian Renaissance architecture is the »Deutschritterhaus« built in 1566. One of the few half-timbered houses called »Geleitschänke« was built in 1560. At that time woad, well-known as the blue dye of the Middle Ages, was stored and manufactured here.

Innenraum baute Schardt in der zweiten Hälfte des 18. Jahrhunderts in seinem großen Barockgarten. Er verband ihn durch einen Laubengang mit dem Haus und nutzte ihn fortan für sich und seine Gäste als kleinen Teesalon und Musentempel.

Berühmtheit erlangte das architektonische Kleinod durch Schardts Tochter Charlotte Bernadetta Ernestina. Sie, die Gemahlin des herzoglichen Oberstallmeisters von Stein und Hofdame der Anna Amalia, soll hier zum ersten Mal mit Goethe zusammengetroffen sein, kurz nach seiner Ankunft in Weimar. Der junge Dichter und Freund des Herzogs legte allerdings ein für die Hofgesellschaft befremdliches Benehmen an den Tag, so daß Charlotte den weiteren Umgang mit diesem Herrn in Frage stellte. Doch ihre Zweifel verflogen bald, und

The youth centre »mon ami« situated next to the tower characterises the East side of the Goetheplatz. The classical building was built between 1858 and 1860 according to a design by the architect Carl Heinrich Ferdinand Streichhan. Congresses, music and dance events still take place here.

In the second half of the 18th century, the seneschal Johann Wilhelm von Schardt had this little rococo pavilion built in his baroque garden. The small tea-house and place for light entertainment became famous because of Schardt's daughter Charlotte von Stein. It is said that it was here where she met Goethe for the first time.

eine der geheimnisvollsten Liebesgeschichten Goethes nahm ihren Anfang. Frau von Stein wohnte damals noch in dem an den Kasseturm angrenzenden Haus am Frankeschen Hof, dessen Reste sich mit einem Torbogen unmittelbar an das Schardtsche Haus anschließen.

In dem fünfhundert Jahre alten Wachturm der einstigen Stadtmauer wurde nach dem Schloßbrand von 1774 die herzogliche Kasse untergebracht; der Wachturm wurde zum Kasseturm. Seit Beginn des zwanzigsten Jahrhunderts verkam das Bauwerk zusehends, diente zuletzt als Gemüselager, bis es Studenten der Weimarer Bauhochschule 1961 für sich entdeckten.
Der dreigeschossige Turm war mit seinen dicken Mauern und eindrucksvollen Gewölben wie geschaffen für einen Studentenklub. Flair, Anspruch und Preise machten ihn über Nacht zu einem Magneten, der bis heute zahlreiche Gäste anzieht. Von Beginn an wird er von den Studenten selbst erfolgreich bewirtschaftet.
Neben dem Kasseturm bestimmt das Jugendzentrum »mon ami« die Ostseite des Goetheplatzes. Das Gebäude entstand 1858 bis 1860 nach einem Entwurf des Architekten Carl Heinrich Ferdinand Streichhan als Vereinshaus der Erholungsgesellschaft. Streichhan hatte 1848 als Oberbaudirektor die Nachfolge von Clemens Wenzeslaus Coudray angetreten. In diesem Spätbau Weimarer klassizistischer Architektur fanden Kongresse, Musik- und Tanzveranstaltungen statt.
An das »mon ami« schließt sich das Lesemuseum an. Sein Erbauer Streichhan bildete mit der offenen ionischen

In the 500-years-old watchtower of the city wall the treasury of the Grand Duke found its place after the castle fire in 1774. Since the beginning of the 20th century the tower was neglected noticeably until students rediscovered it in 1961. The three-storied tower with its thick walls and impressive vaults was perfect for a student's club. Flair and low prices still draw numerous guests.

The »Lesemuseum« built by Streichhan in 1859 imitates the Nike temple of the Athenian Acropolis with its open ionic column hall in the upper storey. The building for the »Reading Society« was financed by its patroness Grand Duchess Maria Pawlowna. Books and journals were intended to be accessible to the public at last.

Säulenhalle im Obergeschoß den Niketempel der Athener Akropolis nach. 1859 wurde es mit Mitteln der Großherzogin Maria Pawlowna für die seit 1831 bestehende, von ihr geförderte »Lesegesellschaft« erbaut. Der seit Ende des 18. Jahrhunderts wachsende Bildungs- und Lesehunger neuer bürgerlicher Schichten fand in den allerorts gegründeten Lesegesellschaften seinen Ausdruck. Im Lesemuseum erhielten breite Kreise der Bevölkerung Zugang zu Büchern und Zeitschriften aller Art. Der Schinkel-Schüler Streichhan hinterließ der Stadt einige ihrer augenfälligsten Bauten mit antikisierenden Formen und setzte konsequent auf die Tradition des in Weimar dominierenden Klassizismus seines Vorgängers Coudray. Pfeilerkolonnaden rechts und links des »mon ami« lassen die beschriebenen drei so unterschiedlichen Gebäude unaufdringlich zu einem Ganzen verschmelzen.

Der Goetheplatz, früher Karlsplatz, entstand im Zuge der Stadterweiterung. Ende des 18. Jahrhunderts mußten dafür die Stadtmauer und das Scheunenviertel am Schweinemarkt weichen. Das »Kunstkabinett am Goetheplatz« auf der Nordseite des Platzes wurde als Großherzogliches Museum für Kunst und Kunstgewerbe gebaut. Die Geschichte Harry Graf Kesslers in Weimar ist eng

mit diesem Haus verbunden. Von 1903 bis 1906 Museumsdirektor, zeigte er hier europäische Kunst, französische Impressionisten und Neoimpressionisten. Mit seiner zielstrebigen Verfechtung und Förderung der Moderne machte er sich freilich in höfischen und konservativen bürgerlichen Kreisen unbeliebt. Die Auseinandersetzungen gipfelten anläßlich der Rodin-Ausstellung 1906 in einer Pressekampagne gegen die ausgestellten Akt-Studien, von denen eine »unerlaubterweise« eine Widmung an den Großherzog aufwies. Diese Intrige, die mit Kesslers Demission endete, ging als »Rodin-Skandal« in die Weimarer Geschichte ein.
Der wohlproportionierte Oberlichtsaal des Kunstkabinetts empfängt den Besucher hinter venezianischer Front im Hinterhof des heutigen Pressehauses.

Dominantes Gebäude am Goetheplatz ist die Hauptpost. Sie wurde 1887 bis 1888 Formen der italienischen Renaissance nachempfunden. Bemerkenswerte Errungenschaft des Weimarer Postwesens war die Einrichtung der ersten deutschen Luftpostlinie von und nach Berlin anläßlich der Konstituierung der Deutschen Nationalversammlung 1919. Der Webicht-Flugplatz an der Jenaer Straße wurde 1910 als Luftschifflandeplatz gebaut und war bis 1931 als

The dominant building at the Goetheplatz is the main post office. It was built from 1887 to 1888 in a pseudo Italian Renaissance style.
One of Weimar's leading hotels, the hotel »Russischer Hof«, was built from 1803 to 1805.
Nearby the hotel is the home of the master builder Coudray, who gave the classical Weimar its characteristic appearance. At the beginning of the 19th century he did a splendid job as an architect and building administrator in Weimar.

Linienflugplatz in Betrieb. Die Weltwirtschaftskrise ließ ihn schließlich in der Bedeutungslosigkeit versinken.
Eines der führenden Gasthäuser Weimars, das Hotel Russischer Hof, wurde zwischen 1803 und 1805 gebaut. Nach seiner Eröffnung hieß es zu Ehren des Bruders der Großherzogin Maria Pawlowna, Zar Alexander I. von Rußland, »Alexanderhof«.

des schöpferischen Architekten begegnet. Der unermüdlich tätige Mann starb am 8. Oktober 1845 und wurde auf dem Historischen Friedhof bestattet.

An der Karl-Liebknecht-Straße, der Hauptverkehrsachse der Stadt von Nord nach Süd, liegt der schöne klassizistische Coudray-Bau der Bürgerschule, die seit über zwanzig Jahren als Musik-

Während das prächtige Gebäude längst in neuem Glanz erstrahlt, verfällt in seiner unmittelbaren Nähe in der Heinrich-Heine-Straße das Haus des Baumeisters, der das Bild des klassischen Weimar entscheidend prägte: Coudray.
Seit 1816 arbeitete dieser als großherzoglicher Oberbaudirektor in Weimar und leistete bewundernswerte architektonische und bauverwalterische Arbeit für die Stadt, in der man auf Schritt und Tritt den klaren, klassizistischen Formen

schule genutzt wird. Sie wurde anläßlich des 50. Jubiläums des Amtsantritts von Großherzog Carl August 1825 als erste städtische Volksschule für 600 Kinder eingeweiht. Goethe glaubte, allein die Schönheit des Gebäudes könne die Kinder ihrer tiefen Unwissenheit entreißen. Die zwei gleichartig gestalteten, risalitartigen Eingangsbereiche der dreiflügeligen Anlage erinnern daran, daß Mädchen und Jungen selbstverständlich noch getrennt unterrichtet wurden.

In 1825 the beautiful classical Coudray-building was opened as the first municipal school for 600 children. Today it is used as school of music.

However, Weimar's most imposing bourgeois house is the present Stadtmuseum. It is named after its builder Friedrich Justin Bertuch. In 1803 the writer, publisher, and »merchant of Goethe's time« moved into this large estate.

Vor dem Gebäude leuchtet golden zwischen zwei jungen Akazien ein lesender Knabe auf dem gußeisernen Pumpenhäuschen des Bürgerschulbrunnens. Nachdem die ursprünglich hölzerne Pumpe dem Geschmack der Zeit nicht mehr entsprach, wurde sie 1858 durch einen Zinkguß in spätklassizistischen Formen ersetzt.

Ein Durchgang zur Weimarhalle und ihrem Park trennt die Bürgerschule von Weimars stattlichstem Bürgerhaus des Klassizismus, dem nach seinem Bauherrn Friedrich Justin Bertuch benannten heutigen Stadtmuseum. Der Schriftsteller, Verleger und »Kaufmann der Goethezeit« gab Ende des 18. Jahrhunderts den Bauauftrag und konnte 1803 das ausgesprochen großzügige Anwesen mit einer Straßenlänge von 90 Metern beziehen. 1791 hatte er für seine verschiedenen Unternehmungen das »Landes-Industrie-Comptoir« gegründet.

Behind the museum the Weimarhalle is to be found. The clearly structured and modern central building, constructed in 1932, has two gallery-like side wings which open to a terrace leading into a park.

Darin fand ein komplettes Verlagshaus von der Papier- und Farbenmühle bis zur Buchbinderei Platz. Daneben wurden die verschiedensten Schmuck- und Gebrauchsgegenstände hergestellt und vertrieben. Bis zu 450 Beschäftigte hatte das Unternehmen. In einer Werkstatt zur Gestaltung von Kunstblumen arbeitete auch Christiane Vulpius, bis sie der verliebte Goethe in sein Haus nahm. Um alles unter ein Dach zu bekommen, baute Bertuch nach Westen zwei weitere Seitenflügel an, die nicht mehr erhalten sind. Sie mußten 1928 der Weimarhalle weichen.

Nach dem Tode Bertuchs wurden die Räume der Manufakturen noch von verschiedenen Gewerken genutzt, bis 1925 der gesamte Gebäudekomplex in den Besitz der Stadt Weimar überging. In den Jahren nach 1933 diente das Bertuchhaus zeitweilig als Sitz der thüringischen Gauleitung der NSDAP.

Seit 1954 Stadtmuseum, wird hier in ständigen und wechselnden Ausstellungen die Geschichte Weimars dokumentiert. 1990 begann eine umfassende Renovierung sowie die Arbeit an einer neuen Ausstellungskonzeption.

Hinter dem Stadtmuseum schließt sich die Weimarhalle an. Als die Stadtväter 1909 den Bau einer Stadthalle beschlossen, erschien kein zentrumsnäherer Bauplatz für solch ein großes Gebäude geeigneter als der Bertuchsche Baumgarten auf den Schwanseewiesen. Das damit in Verbindung stehende »Kulturprojekt« mit Sport- und Erholungsanlagen entstand 1910 und wurde 1919 fortgesetzt. Der Asbach-Grünzug, der das gesamte Areal zwischen Jakobskirche und heutigem Stadion umfaßt, sollte

völlig neu gestaltet werden. Es entstand ein in Deutschland einzigartiges »Gartendenkmal der Moderne«, das in den nächsten Jahren rekonstruiert werden soll.

Im Herbst 1913 begannen die Bauarbeiten für die neue Stadthalle. Der Erste Weltkrieg unterbrach den Bau, und auch nach dem Krieg ließen die wirtschaftlichen Schwierigkeiten eine Wiederaufnahme der Bauarbeiten nicht zu. Die Bauwerksteile verfielen, bis 1928 die verbliebenen Fundamente für das Hauptgebäude des neu entworfenen Schwimmbades genutzt wurden. Somit hatte Weimar zwar noch keine Stadthalle, aber das schönste Freibad Thüringens.

Die Diskussionen um die Errichtung einer Stadthalle brachen bis zur Ausschreibung eines Architekturwettbewerbs nicht ab. Der neugewählte Standort direkt hinter dem Bertuchhaus war in der Öffentlichkeit sehr umstritten.

Anhand der verschiedenen Vorzüge der prämierten Wettbewerbsarbeiten fertigten die Weimarer Architekten Max und Günther Vogeler 1926 den später realisierten Entwurf für die »Weimarhalle«. Die Bauarbeiten begannen im Herbst 1930, zwei Jahre später wurde Weimars neue Stadthalle offiziell eingeweiht.
Der klar gegliederte und der gemäßigten Moderne verschriebene Zentralbau verfügt über zwei galerieartige Seitenflügel, die eine mehrstufige Freiluftterrasse zum Park einfassen.
Es schließt sich der heutige »Weimarhallenpark« an. Mit der neuen Architektur erhielt er seine jetzige Gestalt. Die eingefaßten Gewässer dienen als Achse, die den Blick vom Schwanseebad hinüber zur Weimarhalle und dem Turm der alten Jakobskirche führen soll.
Das kleine sympathieerweckende ehemalige Gärtnerhaus Bertuchs, vom Volksmund lange Zeit »Hexenhäuschen« gerufen, ist als Lesecafé »gratis« Treffpunkt für Schmökerfreunde.

Die Stadt und ihre nördliche Vorstadt wurden über das Asbachtal erst seit 1846 durch eine Bogenbrücke, das sogenannte Viadukt, verbunden.
Mit dem gleichzeitigen Bau des ersten Weimarer Bahnhofs durch die Thüringische Eisenbahngesellschaft wurde ein neuer Stadtteil erschlossen. Der heutige Hauptbahnhof mit seiner neoklassizistischen Empfangshalle ist seit 1922 in Betrieb.
Die 1867 als Mittelachse für das sich entwickelnde Bahnhofsviertel angelegte Allee führte die Bahnreisenden auf geradem Wege in die Innenstadt. Drei Platzanlagen lockern die Straßenführung auf, darunter der ehemalige Watzdorfplatz, der mit einem Kriegerdenkmal an die Gefallenen von 1870/71 gemahnt.

1945 wurde er, in Gedenken der Opfer des Konzentrationslagers auf dem Ettersberg, in »Platz der 51000«, 1958 in »Platz der 56000« und 1990 in »Buchenwaldplatz« umbenannt.
Seit 1958 gibt es die Mahn- und Gedenkstätte Buchenwald und auf dem Buchenwaldplatz das erste Denkmal für Ernst Thälmann. Der Vorsitzenden der Kommunistischen Partei Deutschlands, wurde 1933 von den Nationalsozialisten inhaftiert und 1944 im Konzentrationslager Buchenwald ermordet.
Der Dresdner Bildhauer Walter Arnold und die Weimarer Hochschullehrer Otto Engelberger und Siegfried Tschierschky erhielten für die Gesamtgestaltung des Platzes den ersten Literatur- und Kunstpreis der Stadt Weimar.

What was once Thuringia's most beautiful outdoor swimming-pool was built in 1928 on the foundation of a planned city hall.

Bertuch's small and charming former gardener's house is today used as a café. In this café »gratis« people meet to bury themselves in the many books found on the shelves.

In 1958 the first monument for Ernst Thälmann, the leader of the Communist Party of Germany, was unveiled on the Buchenwaldplatz. Ernst Thälmann was murdered in 1944 by the Nazis in the concentration camp on the Ettersberg.

The imposing »Landesmuseum«, built by the Czech architect Josef Zitek, was the starting point for the construction of a more representative quarter. The main attractions of the museum were the »Odyssey frescos« by Friedrich Preller and the Goethe sculpture imitating a model by Bettina von Armin. Worth seeing is the »Kunstsammlungen zu Weimar« (the gallery in the city castle). Its basis is the collection of Paul Maenz.

Ein bemerkenswertes Haus am Platz mit einem schmückenden Fries gehörte im vorigen Jahrhundert dem Architekten Carl Stegman. Der vom Kunstschullehrer Hermann Wislicenus entworfene und in gebranntem Ton ausgeführte Fries stellt auf humorvolle Art den Bauablauf des Landesmuseums dar. Es wurde bereits 1863 vom Baudirektor und Oberingenieur der Thüringischen Eisenbahngesellschaft Ernst Heinrich Kohl als Schlußpunkt der vom Bahnhof in die Stadt führenden Magistrale geplant. Der allgemeine wirtschaftliche Aufschwung in der zweiten Hälfte des 19. Jahrhunderts machte sich auch in Weimar bemerkbar. Weimars Kultur erlebte eine zweite Blütezeit. Das stattliche Museum gab den Anstoß für den weiteren Ausbau des gewünschten repräsentativen Viertels. Weimar sollte einen würdigen Stadteingang mit öffentlichen Gebäuden und in Gärten eingebetteten Villen bekommen. Die Ausführung lag in den Händen des tschechischen Architekten Josef Zitek, der nach diesem Erstlingswerk u. a. das Nationaltheater in Prag baute. Hauptattraktion des 1869 eröffneten Hauses waren die »Odyssee-Fresken« von Friedrich Preller sowie die überlebensgroße Goethe-Skulptur im Treppenhaus nach einem Modell Bettina von Arnims.

Im Zweiten Weltkrieg nur teilweise zerstört, konnte im Landesmuseum schon 1946 wieder Kunst ausgestellt werden.

Doch nachdem die Heizung zugunsten des Nationaltheaters ausgebaut wurde, verfiel der Musentempel zusehends. Als schließlich in den achtziger Jahren der Abriß des Landesmuseums zur Debatte stand, wurde für die Ruine eine Interessengemeinschaft gegründet. Ihr sind die ersten Sicherungsmaßnahmen an dem Bau- und Kulturdenkmal zu verdanken.

Das Landesmuseum und die berühmte Prellergalerie werden derzeit renoviert.

Die anderen Räume nehmen die Sammlung moderner Kunst der Kunstsammlungen zu Weimar auf, deren Grundstock die Sammlung Paul Maenz bildet.

Das Museum ist seit den dreißiger Jahren durch einen Bogengang auf unsanfte Weise mit dem ehemaligen »Gauforum« verbunden und sollte zusätzlich mit neuer, angepaßter Dachform auf Wunsch Adolf Hitlers in das Ensemble eingegliedert werden.

Since the thirties the museum has been connected by an arcade with the former »Gauforum«.

Already in 1932 the power in Thuringia was assumed by a National Socialist government under the leadership of Fritz Sauckel. As early as the twenties Weimar had been a centre of the »movement«. Hence the city was soon taken over by the mass psychosis called National Socialism. Sauckel forced the building of a new political centre in Weimar right after the takeover of power by the National Socialists. The »Gauforum«, an assembly of massive buildings for the state and the party, was constructed. Buildings of monumental architecture are grouped around a huge square. Today it is the seat of parts of the Thuringian administration.

Vor dem architektonischen Hintergrund des ehemaligen Aufmarschplatzes der Nationalsozialisten bleibt es unerläßlich, auf die braune Vergangenheit Weimars einzugehen.
Schon 1930 erhielt Thüringen mit der Ernennung Wilhelm Fricks als Mitglied einer Koalitionsregierung den ersten nationalsozialistischen Minister Deutschlands. Frick initiierte neben politischen Säuberungsaktionen für kurze Zeit ein »Kulturprogramm zu sittlicher und geistiger Erneuerung«. Der sogenannte Neger-Erlaß vom 1. April 1930 forderte die »Ausmerzung unsittlicher und fremdrassischer Kunst« in Thüringen – mit schwerwiegenden Folgen:
Die als entartet geltenden Werke Barlachs, Kandinskys, Klees, Schlemmers und Schmidt-Rottluffs wurden aus der Weimarer Öffentlichkeit entfernt. Die Architekturschule wurde aufgelöst und Paul Schultze-Naumburg zum Leiter der neuen, vereinigten Schule für Malerei, Kunstgewerbe und Architektur ernannt. Oskar Schlemmers Wandbilder in den Bauhaus-Gebäuden wurden übermalt, rassistische Gebete an den Schulen eingeführt und schließlich gelang, trotz lauter Proteste aus Universitätskreisen, die Ernennung des Rassenforschers Hans F. K. Günther zum Professor in Jena.
Frick geriet bald sowohl mit der Reichsregierung als auch mit dem thüringischen Landtag in Konflikt. Im April 1931 versagten die übrigen konservativen Parteien Fricks Ministerium ihre Unterstützung und hoben seine Anordnungen auf; wenige Monate danach veranlaßten sie die Entlassung Günthers und Schultze-Naumburgs.
Doch bereits ein Jahr später wurde in Thüringen die Macht von einer nationalsozialistischen Regierung unter Leitung von Fritz Sauckel übernommen. Schon seit den zwanziger Jahren ein Zentrum der »Bewegung«, zeigte sich die Stadt bald von der allgemeinen Massenpsychose ergriffen. Sauckel, der in Thüringen seit 1923 den Aufstieg der Rechtsradikalen lenkte und den Hitler 1927 zum Gauleiter ernannte, forcierte mit der Machtübernahme durch die Nationalsozialisten den Bau neuer Partei- und Staatsbauten, eines neuen politischen Zentrums der Landes- und Gauhauptstadt Weimar.
Seinem Ehrgeiz und der Einflußnahme Hitlers auf das Projekt, das von Hermann Giesler entworfen und ausgeführt wurde, »verdankt« Weimar die Verwirklichung dieser Pläne.
Um den riesigen Aufmarschplatz gruppieren sich die »Halle der Volksgemeinschaft«, die »Reichsstatthalterei und Gauleitung«, das »Gebäude für die deutsche Arbeitsfront« sowie das »Haus der Gliederungen«. Mit dem Bau dieses »Gauforums« im Asbachtal zwischen Jakobsvorstadt und dem Bahnhofsviertel wurde der nördliche Eingang zu Weimars Innenstadt städtebaulich vollständig verändert. Sauckels erfolgreiche Taktik bei der Durchsetzung seiner Ziele für eine Neugestaltung des Weimarer Stadtbildes ließ auch nach 1939, trotz zahlreicher reichsweiter Verbote von Stadtplanungen und baulichen Aktivitäten, eine Weiterarbeit in Weimar, partiell fast bis Kriegsende, zu.
Dieser Umstand und der relativ frühe Baubeginn 1936 im Beisein Hitlers ermöglichten eine weitestgehende Fertigstellung der Anlage. Einzig die »Halle der Volksgemeinschaft« blieb ein Torso.
Der Platz Adolf Hitlers wurde 1945 in Karl-Marx-Platz umbenannt. In die monumentale Verwaltungsarchitektur zogen zunächst die sowjetische Militäradministratur, später Hoch- und Fachschulen und nach 1990 das Thüringische Lan-

The area around the Jakobskirche is the oldest settled part of Weimar. Already in the 6th and 7th century people cultivated the fertile soil around the river Ilm.
The Jakobskirche got its present shape in the year 1712. Duke Wilhelm Ernst had the old church from 1168 demolished and initiated the construction of a new plain baroque church.

The old Jakobskirchhof was the main cemetery until the 19th century. In 1826 the »Kassengewölbe« (a tomb for persons of rank without family tombs) was closed. The relics of

desverwaltungsamt ein. Heute gibt der Gebäudekomplex immer wieder Anlaß zu Diskussionen und Neuplanungen. Unsicherheiten und Schwierigkeiten bestimmen den Umgang mit der baulichen Hinterlassenschaft des Dritten Reiches.
Beim Blick auf die Innenstadt überragt das als »sozialistische Dominante« Anfang der siebziger Jahre erbaute Internatshochhaus der Hochschule für Architektur und Bauwesen die Dächer.

Die Jakobsvorstadt um die Jakobskirche ist das älteste besiedelte Gebiet Weimars. Schon im 6. und 7. Jahrhundert hatten sich Altthüringer hier niedergelassen und die fruchtbaren Böden der Ilmaue genutzt.
Die Jakobskirche erhielt ihre heutige Gestalt im Jahre 1712. Herzog Wilhelm Ernst ließ das vernachlässigte Gotteshaus von 1168 abreißen und veranlaßte den kargen, barocken Neubau. Der alte Jakobskirchhof blieb bis ins 19. Jahrhundert die Hauptbegräbnisstätte am Ort. Friedrich Schillers sterbliche Überreste fanden ihre erste Ruhestätte im Kassengewölbe, einer Gruft für Standespersonen ohne eigenes Erbbegräbnis. 1826 wurde die Gruft geschlossen und Schiller in die Fürstengruft auf den 1818 entstandenen Friedhof am anderen Ende der Stadt überführt. Der Jakobskirchhof verwahrloste. Nur wenige Grabstätten, darunter die von Cranach, Christiane Goethe, Georg Melchior Kraus und Johann Carl August Musäus finden sich noch unter den alten Bäumen.
»Du versuchst, o Sonne vergebens
Durch die düsteren Wolken zu scheinen!

Der ganze Gewinn meines Lebens
Ist, ihren Verlust zu beweinen«,
schrieb Goethe nach dem Tode seiner Frau 1816. Erst zehn Jahre zuvor hatte er sie in einer stillen Zeremonie nach langen Jahren wilder Ehe in der Sakristei der Jakobskirche geheiratet. Doch selbst als »Frau Geheimrätin« wurde die warmherzige und lebenslustige Christiane von der höfischen Gesellschaft kaum akzeptiert.

Die Jakobstraße führt in die Innenstadt, vorbei an einem der ältesten und bekanntesten Bürgerhäuser Weimars. Das Kirms-Krakow-Haus erstand um 1520 auf den Kellergewölben eines älteren, 1424 abgebrannten Gemäuers. Seinen Namen trägt das Haus nach seinen Besitzern im 18. und 19. Jahrhundert. Anfang des 20. Jahrhunderts kaufte die Stadt das Gebäude und machte es der Öffentlichkeit als wertvolles Zeugnis

Friedrich Schiller, who was buried here as well, were transported to the mausoleum in the new main cemetery. Today only a few graves can still be visited under the old trees. Amongst them are the final resting places of Cranach, Christiane Goethe, Georg Melchior Kraus and Johann Carl August Musäus.

One of the oldest and well-known bourgeois houses of Weimar is situated in the Jakobsstraße. The Kirms-Krakow house, built about 1520, is named after its owners in the 18th and 19th century. Here the memorial rooms for Johann Daniel Falk and Musäus as well as the Herder museum are to be visited. The long building of the »Marstall« (the former stables of the Duke) was built between 1873 and 1878 in a Neo-Renaissance style by the master builder Streichhan. It gained sad fame during the Third Reich when it was used as a Gestapo prison. Today it is used as the Public Record Office of Thuringia.

bürgerlichen Wohnens und bürgerlicher Geselligkeit um 1800 zugänglich. Eine Galerie klangvoller Namen wie Christoph Martin Wieland, Johann Gottfried Herder, Johann Wolfgang Goethe, Karl Ludwig von Knebel, Johann Nepomuk Hummel, Franz Liszt, Wilhelm von Humboldt und Hans Christian Andersen zeichnet die Hausbesitzer als bekannte und beliebte Gastgeber aus. Gedenkräume für Johann Daniel Falk und Johann Carl August Musäus sowie das Herder-Museum in der zweiten Etage erweitern die reiche Schau.

Vom Garten hinter dem Kirms-Krakow-Haus, das so viele Frei- und Schöngeister begrüßen durfte, ist der Blick über den Rand der Stadtmauer hinweg auf den Marstall möglich. Er entstand 1873 bis 1878 unter Oberbaudirektor Streichhan anstelle des alten Vorwerks, das der Deutschritterorden 1383 nördlich der Burg errichtet hatte. Seit dem 15. Jahrhundert gehörte es mit Ställen und Wirtschaftsgebäuden zum Hof und beherbergte eine stolze Anzahl von Pferden für den Post- und Kurierdienst.

Das langgestreckte Gebäude im Stil der Neorenaissance erreichte im Dritten Reich traurige Berühmtheit als Gestapo-Gefängnis. Heute nimmt der Marstall einen Teil des Thüringischen Hauptstaatsarchives mit seinem reichen Fundus für Forschende auf.

Die Schauseite des Marstalls beeindruckt mit einem gewaltigen Torbogen und schafft ein gewichtiges Pendant zum Schloß.

Der anschließende Kegelplatz bildete samt seiner alten Brücke über die Ilm lange Zeit den einzigen östlichen Stadtausgang. Am 15. Dezember 1812 wech-

selte Napoleons Schlitten auf seiner Flucht aus Rußland hastig die Pferde, bevor er nach Westen davoneilte.
Seit 1968 erinnert am gleichen Ort eine bronzene Figurengruppe an den elsässischen Missionsarzt Albert Schweitzer. Er steht neben einer afrikanischen Mutter und deren Kindern, in Arztkittel und Tropenhelm gekleidet, vor dem Musäushaus, das seit 1984 eine Ausstellung über das Leben und Wirken des bekannten »Urwalddoktors« beherbergt.

A bronze statue commemorates the Alsace mission doctor Albert Schweitzer. It was erected in 1968 and shows him dressed in his white coat and sun-helmet standing beside an African mother and her children. The monument is to be found in the front of the Musäus house which contains an exhibition about the life and work of this famous man since 1984.

Musäus, who was an educator of page boys, a writer and collector of fairy tales, lived here for many years until his death in 1787.

Musäus, der Pagenerzieher, Schriftsteller und Märchensammler, wohnte lange Jahre, bis zu seinem Tod 1787, in diesem Haus.
Den Weg über die Kegelbrücke in die Stadt mußte einst auch Franz Liszt nehmen, wenn er von seiner Wohnung in der Altenburg ins Theater oder zum Hof spazierte. Friedrich von Seebach, der Stallmeister Carl Augusts, hatte 1811 auf der Anhöhe gegenüber dem Schloß dieses Haus für sich bauen lassen. Nach Seebachs Tod verkauften dessen Kinder 1848 das Anwesen.

Liszt, zu jenem Zeitpunkt schon der bekannteste Pianist Europas, mietete es noch im selben Jahr für sich und seine Geliebte, die russische Fürstin Carolyne von Sayn-Wittgenstein, sowie deren kleine Tochter. Dreizehn Weimarer Jahre sollten sie nicht nur gegen »Borniertheit und Philistertum« in der Stadt ankämpfen, sondern auch gegen den fürstlichen Ehemann, den Zar und den Papst, um die Scheidung von Carolynes Ehe durchzusetzen. Guten Mutes reisten sie deshalb 1861 nach Rom. Die Ehe wurde nicht geschieden, und Liszt gab endgültig die Hoffnung auf, Carolyne jemals heiraten zu können.

Im gleichen Jahr nahm er Abschied von Weimar, das ihn viel Kraft gekostet hatte. Immer wieder war Liszt auf Unverständnis und herbe Kritik gestoßen, wenn er sich als Kapellmeister gegen den verstaubten Musikgeschmack der Weimarer zur Wehr gesetzt hatte. Auch die Aufführung der Werke Richard Wagners mußte er gegen Widerstand durchsetzen. Den Freund und späteren Schwiegersohn versteckte er 1849 auf dessen Flucht aus Dresden ins Schweizer Exil einige Tage in der Altenburg.

Viele Musiker und Schriftsteller zog es zu des Meisters Zeiten in das stattliche Haus, das Liszt bei späteren Aufenthalten in der Residenzstadt nicht mehr betrat. Zur Zeit erfährt es eine seit Jahrzehnten notwendige Renovierung.

Unterhalb der Altenburg entstand 1895, anstelle des einst von Liszt erträumten Festspielhauses, das seine Verwirklichung erst in Bayreuth fand, der massige Klotz des Goethe- und Schiller-Archivs. Goethes letzter Enkel Walther hatte der Großherzogin Sophie 1885 den gesamten schriftlichen Nachlaß des Dichters vererbt; vier Jahre später übergab die Familie von Gleichen-Rußwurm den Schiller-Nachlaß ebenfalls in ihre Hände. Sophie regte den Bau des Archivs an. Die nach dem Vorbild eines Versailler Lustschlosses vom Weimarer Architekten Otto Minkert konzipierte »Schatzkammer der Schriften unserer bedeutendsten Dichter und Denker« konnte im Juni 1896 ihr erstes kostbares Gut aufnehmen, welches durch Schenkungen und Ankäufe bis zum heutigen Tage kontinuierlich vermehrt wird.

The estate of the Altenburg, situated on the hill across of the castle, was built for Friedrich von Seebach, Carl August's equerry, in 1811. In the years from 1848 to 1861 Franz Liszt, already the most famous pianist in Europe, lived here in lodgings together with his beloved, the Russian princess Carolyne von Seyn-Wittgenstein. Many musicians were drawn to this stately house which Liszt made into a centre of modern music.

Beneath the »Altenburg« the massive building of the Goethe and Schiller Archive is to be found. Grand Duchess Sophie, who inherited the whole written bequest of the poets, suggested the building of this Archive.
In 1896 the »treasure-vault of our most important poet's and thinker's writings« was constructed after a model of a Versailles palace.

While the «Kegelbrücke» was built for the travelling citizens, the Sternbrücke near to the residential castle was reserved for the aristocracy. This oldest Weimarian bridge was built in the 17th century. Originally it had a wooden draw-bridge which was replaced by a fourth arch in 1794. Inside the bridge there is a stairway which leads from the castle directly to the former baroque gardens.

The small Jewish cemetery at the Leibnitzallee was founded in 1774. Today it is a place for remembrance and reflection.

Während die Kegelbrücke den reisenden Bürgern zugedacht war, blieb die Sternbrücke am Residenzschloß dem Weimarer Hof vorbehalten. Sternbrücke und Leibnizallee entstanden zwischen 1651 und 1654 im Anschluß an den Schloßneubau von Johann Moritz Richter. Das älteste Weimarer Brückenbauwerk besaß zuerst neben drei Natursteinbögen eine hölzerne Zugbrücke. Sie wurde 1794 durch einen vierten Bogen ersetzt. Der in die Brücke eingearbeitete Treppengang macht es möglich, vom Schloß aus direkt zur repräsentativen Flaniermeile des Parks, dem Stern – einer urspünglich barocken Gartenanlage – zu gelangen.

An der Leibnizallee entstand 1774 ein kleiner Friedhof für die Weimarer jüdische Gemeinde auf dem Privatgrundstück der Familie Elkan. Die jüdischen Familien Weimars verkehrten aber nur selten untereinander, so blieben die Beisetzungen an diesem Platz, bis zur letzten 1898, eher die

Ausnahme. Der Friedhof verwilderte und geriet beinahe vollständig in Vergessenheit; erst 1983 wurde er als Ort der Besinnung und Mahnung wieder freigelegt. Ab Mitte des 19. Jahrhunderts begann die vollständige Bebauung der Allee. Neben einer Reihe von Bürgerhäusern entstand unter Streichhan ein historistisch ausgeführter Kasernenkomplex, dessen Hauptgebäude auf dem Hügel die Blicke von Stadt und Park auf sich zieht.

Das Weimarer Schloß änderte im Laufe seiner tausendjährigen Geschichte mehrfach sein Aussehen. Von der mittelalterlichen Burg »Hornstein«, die von einem Wassergraben umgeben war, ist nur der untere Teil des Turms erhalten.
Die sich daran anlehnenden grauen Gebäude stammen aus dem 15. Jahrhundert, sie werden im Volksmund »Bastille« genannt und verfügen über ein bewundernswertes Renaissanceportal. Es entstand um 1540 und enthält im Wappen die Kurschwerter.
Nach einem Schloßbrand im Jahre 1618 schuf der thüringische Baumeister Richter eine dreiflügelige Schloßanlage nach französischem Vorbild, die den Namen Wilhelmsburg erhielt. 1730 ersetzte man den spätgotischen Spitzhelm des Turms durch eine barocke Haube. Als 1774 das Schloß abermals ein Opfer der Flammen wurde, berief Herzog Carl August Goethe zum Leiter der Kommission für den Wiederaufbau. Dieser verpflichtete mehrere namhafte Architekten. Die letztlich ausgeführten Entwürfe des Berliners Heinrich Gentz gehören zu den schönsten Raumschöpfungen des deutschen Klassizismus.
Friedrich Tieck schuf für das lichtdurchflutete Treppenhaus und den Festsaal den figürlichen Schmuck.

1803 konnte die herzogliche Familie das Schloß wieder beziehen.
Der harmonische Gesamteindruck der Anlage ging mit dem neuen Südflügel von 1913/14 leider verloren.
Mit den Kunstsammlungen im Schloß besitzt Weimar eine der umfassendsten und reichhaltigsten Galerien des Landes.
Die bemerkenswerten Bestände, von der Cranachgalerie über die Sammlung altrussischer Ikonen oder mittelalterlicher

The Weimar Castle has changed its shape very often during its thousand-years-old history. From the medieval castle »Hornstein« only the lower part of the tower has survived. The grey buildings next to the tower were built in 15th century and in 1540 the decorative Renaissance portal was erected. The Weimarians

still call this part of the castle the »Bastille«. After a fire in the year 1618 a new castle with three wings called »Wilhemsburg« was built. After a second fire, the Berlin architect Heinrich Genz created one of the most beautiful and spacious examples of German classicism. Friedrich Tieck designed the decorative statues for the light-flooded staircase and the festival hall. Goethe's first residence in Weimar was situated in the »Albrechtschen Freihaus« in the Burgplatz. From 1776 to 1777 he lived where over 300 years generations of courtiers had their domicile.

Schnitzaltäre bis zu den Bildern europäischer Kunst des 19. und 20. Jahrhunderts, können dort besichtigt werden. Sie haben ihre Vorläufer in der Ende des 17. Jahrhunderts begonnenen herzoglichen Gemäldesammlung und dem von Goethe eingerichteten kleinen Kunstmuseum.
Seit 1953 haben die Nationalen Forschungs- und Gedenkstätten der klassischen deutschen Literatur in Weimar, die heutige Stiftung Weimarer Klassik, in den Räumen des Schlosses ihren Sitz.

Für den Burgplatz vor der Bastille füllte man um 1800 den Schloßgraben auf.
Im Haus Nr. 1, dem Albrechtschen Freihaus, der 300jährigen Herberge ganzer Dynastien von Hofangestellten, nahm Goethe 1776-1777 seine erste eigene Wohnung in Weimar. Von hier aus verteidigten sich die Bürger 1806 gegen die einfallenden Napoleonischen Truppen. Im Jahre 1874 war über dasselbe Haus weniger Rühmliches zu hören, so schrieb der Gemeindevorstand an die Polizeiverwaltung: »In dem Haus Burgplatz 1, dem Buchbinder Herrn Albrecht hier gehörig, ist die Düngergrube mit Exkrementen vollständig überfüllt, so daß die Jauche in den Hofraum tritt. Es verbreitet sich dadurch im ganzen Haus ein pestilenzialischer Geruch und die Inwohner beklagen sich darüber. Eine Reinigung macht sich dringend notwendig«.
Zusehends verfiel das Renaissancegebäude, bis es 1988 junge, engagierte Leute wieder mit Leben und Kunst

erfüllten. Die ACC Galerie, inzwischen am Burgplatz 1 und 2, entwickelte sich zu einem von Künstlern und Publikum aus aller Welt besuchten und geschätzten Ausstellungszentrum mit kulturellem Veranstaltungsangebot und gastronomischen Leckerbissen. Letzteres durchaus traditionsbewußt, denn im Haus des ältesten Kaffeehauses in Weimar befand sich einst die Hofkonditorei. In höfischem Auftrag wurden derzeit die Soldaten aus der naheliegenden Hauptwache im Winter mit Warmbier versorgt. Dies trug nicht zuletzt zur Eröffnung des berühmten Residenzkaffees im Jahre 1839 bei. Das »Resi« ist bis heute ein beliebter Treffpunkt der Einheimischen und ihrer Gäste. Vis-à-vis erhebt sich frisch und sonnig getüncht das Gelbe Schloß, Witwensitz der Herzogin Charlotta Dorothea Sophia. Die Initialen an der Fassade kennzeichnen ihren Besitz: CDSDSLH - C(harlotta) D(orothea) S(ophia) D(ux) S(axoniae) L(andgrafia) H(asso) H(omburgiae). In barockem Glanz erstrahlt davor das Säulenportal. Das von Coudray entworfene neue Wachenhaus wurde 1834 vollendet. Es erhielt 1911 eine bauliche Erweiterung um sechs Achsen nach Süden. Hier forderte 1918 der Arbeiter- und Soldatenrat die Abdankung des Kaisers und des Großherzogs sowie das Ende des Ersten Weltkrieges. Im folgenden Jahr schloß

Over the years this house was forgotten as well but in 1988 young and committed people gave new life to it and filled it with art. The ACC-Gallery was founded and it developed into a centre of art whose exhibitions are appreciated by artists and visitors from all over the world. Worth mentioning are the cultural programme of the ACC and the restaurant which promises the guests culinary delicacies.

The new house of the guards, designed by Coudray, was enlarged in the years from 1834 to 1911. It was here where in 1918 the »Arbeiter-und Soldatenrat« demanded the abdication of the German emperor and the Grand Duke as well as the end of World War I.

The Yellow Castle was once the seat of Duchess Charlotta Dorothea Sophia when she was a widow. The initials of her name are still to be found on the façade of the building.

For some years the impressive half-timbered house from the 16th century was the home of Johann Peter Eckermann, Goethe's famous secretary.

man, nach Auflösung der Wache, ihre früher offenen Arkaden.
Die weiter nach Süden verlaufenden »Holzhallen« bildeten auf Coudrays Geheiß den Hintergrund zum klassischen Ildefonsobrunnen, benannt nach dem Fundort des hellenistischen Originals. Goethe besaß einen Gipsabguß der sagenumwobenen Jünglingsgruppe, in der Gotthold Ephraim Lessing eine Personifizierung von Schlaf und Tod sah.

Wo sich Schloßgasse und Marktstraße treffen, steht ein imposantes Fachwerkhaus aus dem 16. Jahrhundert, in dem auch Johann Peter Eckermann einige Jahre wohnte. Blickte er aus dem Fenster, sah er auf die gegenüberliegenden barocken Bürgerhäuser in der Schloßgasse. Rot getüncht steht dort das »Haus mit der Palme« aus dem Jahre 1728. Die Wappentafel mit Palme über der Tür hat aber nichts mit der »Fruchtbringenden Gesellschaft«, dem »Palmorden«, zu tun. Mit grünem Anstrich schließt sich das Wohnhaus des Dichters August von Kotzebue (1761-1819) an. Eine Gedenktafel erinnert an ihn. Der versierte Stückeschreiber wurde seinerzeit häufiger gespielt als Goethe oder Schiller, ist aber heute ob seiner äußerst zeitgebundenen Stücke so gut wie vergessen. Am 23. März 1819 ermordete ihn der Jenaer Burschenschaftler Karl Ludwig Sand, weil Kotzebue, der im

ormation

The exquisite fountain »Donndorfbrunnen« owes its name to the creator of the figure group »mother and child going for water«. It was erected in 1895. Not very far from this place Adolf von Donndorf was brought up. He was a student of the famous Dresden sculptor Ernst Rietschel.

Weimar's landmark, the Goethe and Schiller monument, was created by Ernst Rietschel. It is to be found on the Theaterplatz. Plain, but still majestic the figures pose in the costumes of their time. Behind the poets the neoclassical façade of the German National Theatre comes into view.

In 1779 Weimar's first comedy house was built. Its heyday began under the administration of Goethe in 1791. After it was destroyed by a fire in 1825 it was rebuilt a year later. With Franz Liszt and Johann Nepomuk Hummel the theatre experienced its second heyday. In 1907 it had to give way to a larger new theatre. Here the German National Assembly adopted and passed the Weimarian Constitution on the 11th of August in 1919.

Dienste des russischen Zaren stand, als vermeintlicher Spitzel galt.

Der stattliche Donndorfbrunnen, auf halbem Weg zwischen Theater- und Herderplatz, verdankt seinen Namen dem Schöpfer der Figurengruppe »Mutter und Kinder beim Wasserholen«, die 1895 aufgestellt wurde. Nicht weit entfernt wuchs Adolf von Donndorf, ein Schüler des Dresdner Bildhauers Ernst Rietschel, auf. In Gedenken an seine Kindheit schenkte er der Stadt die Bronze, einen Zweitguß der 1881 auf Veranlassung des amerikanischen Philosophen und Psychologen William James entstandenen Gruppe für den James-Brunnen auf dem Union Square in New York.

Das Wahrzeichen Weimars, das Doppelstandbild Goethes und Schillers auf dem Theaterplatz, wurde 1857 vom schon erwähnten Ernst Rietschel geschaffen. Schlicht und doch majestätisch posieren die Gestalten im Kostüm ihrer Zeit. Sie personifizieren auf beeindruckende Weise ihren schöpferischen Schaffensbund und ihre gemeinsame geistige Größe.
Im Rücken der Dichter präsentiert das Deutsche Nationaltheater seine neoklassizistische Fassade.
Der heutige Theaterbau ist schon der dritte auf diesem Platz. Das erste Weimarer Komödienhaus wurde 1779 errichtet. Seine Glanzzeit begann mit Übernahme der Leitung durch Goethe 1791

The former »Kulissenhaus« (place for the scenery of the theatre) was transformed into a museum dedicated to the art of the Bauhaus in 1995. It documents in an impressive way the artistic work of the students and masters of the Bauhaus. It is intended to show modern art in the Weimarian context.

und den Uraufführungen seiner und Schillers Dramen.
1825 durch einen Brand vernichtet, wurde es ein Jahr später wieder aufgebaut. Mit dem Wirken von Franz Liszt und Johann Nepomuk Hummel erlebte das Theater seine zweite Blütezeit.
1907 mußte es einem größeren Neubau weichen, der 1908 eröffnet und 1919 zum Nationaltheater ausgerufen wurde. Hier konstituierte sich die Deutsche Nationalversammlung, die am 11. August 1919 die »Weimarer Verfassung« verabschiedete.
Im Zweiten Weltkrieg zerstört, war das Weimarer Theater die erste nach dem Krieg wiederaufgebaute Bühne. Am 28. August 1948 wurde es mit Goethes »Faust I« seiner Bestimmung übergeben und ist seitdem bemüht, das Erbe der deutschen Klassik zu pflegen, ohne dem Publikum zeitgenössisches Theater vorzuenthalten.

Im ehemaligen Kulissenhaus gegenüber hat 1995 eine eindrucksvolle Schau Weimarer Moderne ihre ständige Bleibe gefunden, das Bauhaus-Museum.
Hier sind Bauhausklassiker und eine Dokumentation über die Arbeit der verschiedenen Werkstätten, mit Entwürfen, Studien und Modellen der Bauhausschüler und ihrer Meister vereint.
Ein Nebenraum des Museums ist dem Direktor der Kunstgewerbeschule Henry van de Velde gewidmet, der mit seinen Bemühungen um Walter Gropius schon 1915 den Grundstein für das Staatliche Bauhaus in Weimar legte. Ein zweiter Nebenraum zeigt Industriedesign der von Otto Bartning geleiteten Staatlichen Hochschule für Handwerk und Baukunst. Diese 1926 gegründete Nachfolgeeinrichtung des Bauhauses mußte 1925 unter dem Druck konservativer bürgerlicher Kreise schließen.

Das Wittumspalais, der Witwensitz der Herzogin Anna Amalia, bildet wirkungsvoll den architektonischen Übergang vom Theaterplatz zur Schillerstraße. Das Gebäude wurde 1767 für den Geheimrat von Fritsch, ein leitendes Mitglied des Geheimen Conciliums, errichtet, und zwar auf dem Gelände eines ehemaligen Franziskanerklosters, dessen Reste dabei in das neue Ensemble einbezogen wurden. Nach dem Schloßbrand von 1774 verkaufte der Geheimrat das Haus an die Herzogin, die sich nach der Übergabe der Regierungsgeschäfte an ihren achtzehnjährigen Sohn Carl August im September 1775 ganz in ihr Privatleben zurückzog. Fortan trug es den Namen Wittumspalais.

The ruins of a former Franciscan monastery were included in the construction of the »Wittumspalais« which was the residence of the widow Duchess Anna Amalia.

Duchess Anna Amalia, the mother of Duke Carl August, was one of the crucial persons for the development of classical Weimar. After the death of her husband, she governed the small duchy with great skill.
Despite a constant lack of money, she understood to cultivate the arts, music and theatre and to support art collections and libraries.
Until her death in 1807, she lived in this beautiful house and created a meeting place for artist, writers, scientists and philosophers.
Here the famous »Tafelrunde« regularly met as well as the »Freitagsgesellschaft« which was founded by Goethe.
The hall in the upper storey was used for concerts and theatre performances and was later the meeting place of the free masons. Interestingly, Goethe and Wieland were also members.

Anna Amalia war eine Herzogin, die der Stadt und dem Hof Glanz verlieh. Selbst noch dem Rokoko verhaftet, war sie eine der Schlüsselfiguren für das neue, klassische Weimar. Als Tochter des Herzogs Karl I. von Braunschweig und Nichte Friedrich des Großen wurde sie sechzehnjährig dem zwei Jahre älteren Herzog Ernst August Constantin von Sachsen-Weimar vermählt. Sie gebar zwei Söhne, den Erbprinzen Carl August und den Prinzen Constantin. Wenige Wochen vor der Geburt ihres zweiten Kindes starb ihr Mann. Nach Kämpfen um die Regentschaft konnte sie diese übernehmen und erhielt auch die Vormundschaft für ihre Söhne. Mit großem Geschick regierte Anna Amalia das ständig an Geldmangel leidende Herzogtum. »Sie erhielt und ernährte ihr Volk bei anhaltender Hungersnot. Gerechtigkeit und freier Edelmut bezeichnen alle ihre Regentenbeschlüsse und Anordnungen«, lobte Goethe die Herzogin.

Die temperamentvolle und leidenschaftliche Frau führte ein pflichtbewußtes und arbeitsames Leben und war auf strenge Einhaltung aller höfischen Formen bedacht. Daneben verstand sie es, die schönen Künste, Musik und Theater zu pflegen, Kunstsammlungen und Bibliotheken zu fördern. Die Herzogin war sehr bestrebt, ihren Söhnen eine umfassende Erziehung zukommen zu lassen.

In diesem Sinne berief sie Christoph Martin Wieland, der als Professor für Philosophie an der kurmainzischen Universität in Erfurt lehrte, 1772 nach Weimar. Auf dessen Vorschlag kam bald danach als zweiter Erzieher Karl Ludwig von Knebel, der ehemalige preußische Offizier und Übersetzer klassischer lateinischer Dichtungen, an den Hof. Damit war der Grundstein gelegt, der, wie Goethe darüber sagte, »alles dasjenige begründete, was später für dieses besondere Land, ja für das ganze deutsche Vaterland, so lebhaft und bedeutend wirkte«.

Seit 1775 widmete sich Anna Amalia, aller Amtspflichten ledig, ganz ihren künstlerischen und wissenschaftlichen Neigungen.

Ihre größte Liebe gehörte wohl der Musik. Sie nahm Klavier- und Kompositionsunterricht und verfaßte eine Schrift über Musik, die leider verschollen ist. Ihre Kompositionen künden von

»Sie gefiel sich im Umgang geistreicher Personen und freute sich, Verhältnisse dieser Art anzuknüpfen, zu erhalten und nützlich zu machen; ja es ist kein bedeutender Name von Weimar ausgegangen, der nicht in ihrem Kreise früher oder später gewirkt hätte.«

Goethe über Anna Amalia

»Auch das kleine Bethlehem Weimar hat in der Geschichte des achtzehnten Jahrhunderts seinen Tag gehabt; aber die Sonne, die ihm vor vierzig Jahren aufging, ist im Jahr 1807 untergegangen, und die Nacht bricht herein, ohne einen neuen Tag zu versprechen.«

Wieland am 24. August 1807 in einem Brief an Johann von Müller

solidem Können, musikalischem Stilgefühl und weitreichender Kenntnis der Musik ihrer Zeit.
Zusammen mit ihrer Lieblingshofdame Luise von Göchhausen, der die einzige Abschrift des »Urfaust« zu verdanken ist, bewohnte Anna Amalia das Wittumspalais bis zu ihrem Tode im Jahre 1807.
In den Wohn- und Gesellschaftsräumen wurde die höchst geschmackvolle und anmutige Einrichtung jener Zeit treu bewahrt. Hier läßt sich die Entwicklung eines neuen Stils der Möbelkunst und Raumgestaltung anschaulich verfolgen. In den schlicht und sparsam hergerichteten, aber fein aufeinander abgestimmten Räumen empfing die Herzoginmutter Damen und Herren der Hofgesellschaft und des Bürgertums. Zusammen mit Künstlern, Literaten, Gelehrten und Wissenschaftlern diskutierten und deklamierten sie, hörten von neuen Ideen und Erfindungen, erörterten viele, die Welt bewegende Fragen.
Hier trafen sich regelmäßig die berühmte Tafelrunde und die von Goethe gegründete »Freitagsgesellschaft«.
Der Festsaal im oberen Geschoß wurde für Konzerte und Theateraufführungen genutzt und diente später den Sitzungen der Freimaurer, denen auch Wieland und Goethe angehörten. Unter der von Adam Friedrich Oeser ausgemalten Kuppel des Saales hielt Goethe 1813 für Wieland, den gern gesehenen und treuen Gast des Wittumspalais, die Trauerrede: »Mensch und Schriftsteller hatten sich in ihm ganz durchdrungen, er dichtete als ein Lebender und lebte dichtend. In Versen und Prosa verhehlte er niemals, was ihm augenblicklich zu Sinne, wie es ihm jedesmal zu Muthe sei, und so schrieb er auch urtheilend und urtheilte schreibend. Aus der Fruchtbarkeit seines Geistes entquoll die Fruchtbarkeit seiner Feder.«
Dem Dichter Wieland sind einige Räume des Hauses gewidmet, die das Leben und Schaffen dieses bedeutenden Vertreters der literarischen Aufklärung dokumentieren.
Viel zu gering werden heute oft seine Verdienste um die deutsche Sprache geachtet. Sein Entwurf eines Idealstaates, der nur mit Hilfe aufgeklärter Fürsten zu errichten sei, seine »Geschichte der Abderiten«, eine geistvolle Bloßstellung des kleinbürgerlichen

Christoph Martin Wieland, who was professor for philosophy at Erfurt's university, came to Weimar in 1772 in order to teach the Duchess's sons.
Some rooms in the Wittumspalais are dedicated to the poet, in order to document the work of this famous representative of the literary enlightenment.
The grave of the »German Voltaire« lies in the park of his estate in Oßmannstedt near Weimar, where he lived for several years with his family.

When Schiller moved into his new house in 1802, it was still surrounded by trees and no houses obstructed the view from his room. In the attic he met his friends to talk about art, literature, theatre, history and philosophy. Actors recited parts of his new works. It was here where he wrote »Die Braut von Messina« (»The Bride of Messina«) and »Wilhelm Tell«, and he died here on the 9th of May in 1805. Twenty years later the house was rebuilt into a museum.

Philistertums, oder seine witzig-frivolen Versgeschichten sind nahezu vergessen. Die Wieland-Räume erinnern beispielsweise an die von ihm herausgegebene Zeitschrift »Teutscher Merkur« und seine Übersetzungen von Horaz, Lukian, aber auch von Shakespeare.
Das Grab des »deutschen Voltaire« befindet sich im Park des Gutes Oßmannstedt bei Weimar, das er mehrere Jahre mit seiner Familie bewohnte.

Die Schillerstraße, die Hauptgeschäftsstraße der Stadt, deutet in ihrer Ausdehnung den früheren Verlauf der Stadtbefestigung bis zum Frauentor am Markt an. In der Mitte des 18. Jahrhunderts brach man die noch bestehenden Mauern und Türme ab, schüttete den Graben zu und gestaltete eine breite, mit Linden bepflanzte Allee, die anfangs nur der Hofgesellschaft zugänglich war. Aber schon als Anna Amalia ihr Wittumspalais bezog, wurden die Tore für die Allgemeinheit geöffnet, und bald säumten Wohnhäuser die Nordseite der Esplanade, wie die Schillerstraße damals hieß.

Auch Schiller erwarb hier ein Grundstück. Er sah es vor sich, als er in der benachbarten Windischengasse noch zur Miete wohnte.
1802 zog er mit seiner Familie in das Haus ein. Es lag noch mitten im Grünen, und kein Gegenüber störte den Blick aus den Fenstern. Doch nur drei

»Wenn ich aufrichtig sein soll, so kann ich nicht anders sagen, als daß es mir hier ungemein wohl gefällt, und der Grund davon ist leicht einzusehen. Die möglichste bürgerliche Unangefochtenheit und Freiheit, eine leidliche Menschenart, wenig Zwang im Umgang, ein ausgesuchter Zirkel interessanter Menschen und denkender Köpfe, die Achtung, die auf literarische Tätigkeit gelegt wird; rechnen Sie noch den wenigen Aufwand, den ich an einem Ort wie Weimar zu machen habe – warum sollte ich nicht zufrieden sein?«

Schiller in einem Brief an Christian Schwan am 2. Mai 1788

In 1988 the first and only newly built museum in the GDR was opened to the public. It is dedicated to Schiller, his life and work.

Jahre, in denen unter anderem »Die Braut von Messina« und »Wilhelm Tell« entstanden, konnte er sich des schönen Heimes erfreuen. Mitten in der Arbeit an seinem letzten Werk »Demetrius« starb er am 9. Mai 1805.
Zu seinen Lebzeiten waren im Erdgeschoß die Wirtschaftsräume untergebracht. Während in der ersten Etage das Familienleben stattfand, beanspruchte der Dichter die Mansarde, um ungestört und konzentriert arbeiten zu können. Hier fanden sich auch seine Freunde zu Gesprächen über Kunst, Literatur, Theater, Geschichte oder Philosophie ein.
Mit den Schauspielern wurden Leseproben abgehalten.
Nach Schillers Tod blieb seine Familie über zwei Jahrzehnte im Besitz des Hauses, über das seine Frau Charlotte an die Prinzessin von Mecklenburg traurig schrieb: »Sie wissen, daß ich mein Haus als Schillers heiliges Andenken liebe.« Als sie 1826 starb, wurde es verkauft.
21 Jahre später erwarb es die Stadt, um eine Erinnerungsstätte für den Dichter einzurichten.
1988 wurde das Schillerhaus umfassend rekonstruiert und in der sich zur Windischenstraße erstreckenden Baulücke der erste und einzige Museumsneubau der DDR als Schillermuseum eröffnet.

Der Marktplatz, der sich erst im 16. Jahrhundert zum Zentrum der Stadt entwickelte, später gepflastert und mit Gebäuden umsäumt wurde, diente im Mittelalter als Turnierplatz und lag an der äußeren Stadtgrenze.
Eine entscheidende Wende in der Stadtgeschichte brachte das Jahr 1547. Nachdem der Kurfürst Johann Friedrich von Sachsen in der Schlacht von Mühlberg sein Kurland und seine Kurwürde verloren hatte, avancierte Weimar zur Residenzstadt des verbliebenen Herzogtums Sachsen-Weimar. Als der Fürst 1552 aus der kaiserlichen Gefangenschaft zurückkehrte, wurde er von seinem Hofmaler Lucas Cranach d. Ä. aus Wittenberg begleitet.

It is interesting to note that it was not until the 16th century that the marketplace the centre of Weimar. In the Middle Ages it was situated outside the town's boundaries and served as an arena for tournaments. Later, as the town grew, it was paved and surrounded by houses and became a proper marketplace.

»Auch das kleine Bethlehem Weimar hat in der Geschichte des achtzehnten Jahrhunderts seinen Tag gehabt; aber die Sonne, die ihm vor vierzig Jahren aufging, ist im Jahr 1807 untergegangen, und die Nacht bricht herein, ohne einen neuen Tag zu versprechen.«

Wieland am 24. August 1807
in einem Brief
an Johann von Müller

Cranach zog in das Haus seines Schwiegersohnes Kanzler Christian Brück, welches 1547 bis 1549 am Markt vom Weimarer Baumeister Nicol Gromann errichtet worden war. Dort lebte und arbeitete er – das große Altarbild für die Stadtkirche war begonnen – bis zu seinem Tode am 16. Oktober 1553.

Hier lohnt sich ein Blick in die Stammbäume der großen Namen Weimars. Goethes Ahnen können bis hierher zurückverfolgt werden; seine Mutter stammte in direkter Linie von der Familie der Cranach-Tochter Barbara Brück ab.

Das Gebäude, das eigentlich aus zwei Häusern besteht, besticht durch seinen reichhaltigen Bauschmuck. Farblich abgesetzt erscheint im Portal das Wappen Cranachs mit der geflügelten Schlange. Die repräsentative, von Kreuzgewölben getragene Halle im Erdgeschoß wird als Galerie genutzt.

In 1552 the court painter Lucas Cranach the Elder came from Wittenberg to Weimar. He moved into the house of his son-in-law Christian Brück. There he lived and worked until his death in 1553. The building fascinates through its rich ornaments. The family emblem of Cranach, the winged serpent, can be clearly seen at the portal.

conerpo
ORTOFRUTTA PER TRADIZIONE
dolcefrutta

Between Schillerstraße and the marketplace, the city's famous festival »Zwiebelmarkt« (onion market) takes place every year at the beginning of October. It attracts masses of people who come to see and buy the famous »Zwiebelzöpfe« (plaited onions). The whole inner city changes into a big street market and a stage for music and shows.

Zwischen Schillerstraße und Marktplatz konzentriert sich heute das größte Volksfest der Stadt, das alljährlich Anfang Oktober Menschenmassen anlockt: der Zwiebelmarkt.
In jahrhundertealter Tradition werden die berühmten Zwiebelzöpfe feilgeboten, verwandelt sich die gesamte Innenstadt zum Verkaufsstand und zur Bühne für Musik und allerlei Darbietungen.

Neben dem Cranachhaus befindet sich das Stadthaus, das nach seiner Zerstörung im Zweiten Weltkrieg 1970 mit historischer Fassade neu erstand. Es diente städtischen Veranstaltungen und Festen und war mit dem gegenüberliegenden Rathaus durch einen unterirdischen Gang verbunden. Noch heute beherbergt es in seinen Kellergewölben den Ratskeller, während im Erdgeschoß die Weimarer Tourist-Information ihr Domizil gefunden hat.
Das Rathaus selbst wurde neben den Trümmern seines 1837 abgebrannten Vorgängers wieder aufgebaut. Von Bauinspektor Heinrich Heß betreut, konnte der Neubau 1841 eingeweiht werden. Dem noch klassizistisch aufgefaßten Baukörper wurde ein Gliederungssystem in gotischen Formen aufgelegt. Damit ist das architektonisch umstrittene Rathaus ein wertvolles Beispiel einer allmählichen Annäherung an den Historismus. Im gestuften Turmaufbau befindet sich ein fünfunddreißigstimmiges Glockenspiel aus Meißner Porzellan. Emil Börner hatte es 1929 für das Gärtnerhaus der Belvederer Orangerie entworfen.

The new town hall was inaugurated in 1841. The building was designed in a classical manner, but Gothic ornaments were put on its upper part. Therefore it is a good example for the beginning influence of historism.
The tower which is characteristically layered contains chimes with 35 different bells made of Meißen porcelain (Dresden porcelain). At every full hour the tourists and the inhabitants enjoy its melodies.

The historical façade of the »Stadthaus« which was destroyed during World War II was reconstructed in 1970. The house was used as a place for official events and festivities and is connected with the town hall by an underground tunnel. In its cellar vaults it still houses the »Ratskeller« (a restaurant).

Da es dort jedoch akustisch kaum zur Geltung kam, wurde es Ende der sechziger Jahre eingelagert und fand 1987 endlich seinen Platz im Rathausturm. Zu jeder vollen Stunde erfreut es nun die Besucher des Weimarer Marktes mit seinen Melodien.
Die Marktnordseite fiel den Bomben am 9. Februar 1945 vollständig zum Opfer. Erst in den späten achtziger Jahren begann man, die Lücken zu schließen. Der prachtvolle, restaurierte Erker der ehemaligen Hofapotheke erhielt dabei seinen Platz zurück.
Davor spendet Weimars ältester Brunnen, der Neptunbrunnen, kühle Erfrischung. 1540 erstmals erwähnt, erhielt er 1774 die Neptunfigur von Martin Gottlieb Klauer.
Die Südseite des Marktes gehört neben dem 1540 gegründeten Gasthof »Zum Schwarzen Bären« dem durch Thomas Manns Roman »Lotte in Weimar« weltberühmt gewordenen Hotel »Elephant«. Begeistert beschrieb Franz Grillparzer seine Ankunft in dem 1696 eröffneten und nach dem mittelalterlichen Hauszeichen benannten Gasthof: »Endlich kam ich nach Weimar und kehrte in dem damals in ganz Deutschland bekannten Gasthofe zum »Elephanten«, gleichsam dem Vorzimmer zu Weimars lebender Walhalla, ein.« Nicht nur die Mitglieder der Fürstenfamilie und die großen klassischen Dichter und Denker gingen dort ein und aus, sondern auch nahezu alle bedeutenden Gäste der Stadt: Jakob Lenz, Philipp Otto Runge, Karl Friedrich Zelter, Franz Liszt, Bonaventura Genelli sowie Richard Wagner, um nur einige Namen zu nennen. »Nachdenklich saß ich in der finsteren Wirtsstube des Gasthofes zum Elephanten«, schreibt Karl von Holtei

The North side of the market was completely destroyed by bombs on the 9th of February 1945. At the end of the eighties the city started to fill the gap. Eventually it was possible to get the magnificent, reconstructed bay of the former court pharmacy back into its old place.

The oldest fountain of Weimar called »Neptunbrunnen« was first mentioned in 1540. In 1774 the figure of Neptune by Martin Gottlieb Klauer was added to the fountain.

T-Punkt

1827 über das zum Mythos erhobene Hotel und fragt: »Wer kannte sie nicht, die alte räucherige, durch einen hölzernen Pfahl in der Mitte zur ländlichen Schenke gestempelte Stube?«
Im Jahre 1937 warnten baupolizeiliche Untersuchungen vor der Altersschwäche des 400jährigen Gebäudes. Hitler, der seit 1926 zahlreiche Male im Elephanten gewohnt hatte, ließ ihn daraufhin abreißen und nach Gieslers Plänen aus Parteimitteln in angepaßten äußeren Formen neu errichten. Schließlich weihte er im November 1938 den Neubau ein. Er hatte sich persönlich mit dem Vorhaben beschäftigt und das Hotel zur Traditionsstätte der Partei erklärt.
Eigens für ihn wurde eine »Führer-Suite« eingerichtet. Hotel- und Bauleitung übergingen bei
der gründlichen Renovierung, die im Sommer 1993 abgeschlossen wurde, elegant die problematische Vergangenheit. Hier gestalteten sich Auseinandersetzung und Umgang mit nationalsozialistischer Architektur »einfacher« als beim »Gauforum«. Das Hotel »Elephant« wurde klassisch modern umgebaut und mit hoteleigener auserlesener Kunst versehen.
Das benachbarte Hotel »Erbprinz« wurde 1989 abgerissen. Lange Zeit hatte am selben Ort das Wohnhaus von Johann Sebastian Bach gestanden. Von 1708 bis 1717

war der Musiker als Hoforganist und Mitglied der Hofkapelle in Weimar tätig. Er komponierte hier eine Fülle bedeutender Werke für Orgel und Cembalo und begann seine Brandenburgischen Konzerte, die er 1721 in seinem nachfolgenden Wohnort Köthen vollendete. Weimar verließ der große Bach im Zorn. Als er bei der Neubesetzung des Kapellmeisterpostens übergangen wurde, suchte er beim Herzog verbittert um seine Entlassung nach. Die wurde zunächst abgelehnt und Bach für vier Wochen in der Landrichterstube eingesperrt, ein unfreiwilliger Aufenthalt, den er nutzte, um am »Orgelbüchlein« zu arbeiten. Schließlich mußte der Herzog ihn aber doch ziehen lassen.
Bachs Söhne Wilhelm Friedemann und Carl Philipp Emanuel, ebenfalls klangvolle Namen in der Musikwelt, erblickten in Weimar das Licht der Welt.

An der Ecke zum Platz der Demokratie erfreut das Rote Schloß, das seinen Namen den roten Fensterrahmen verdankt, mit einem wunderschönen Portal.
Auf dem Platz der Demokratie selbst, dem ehemaligen »Fürstenplatz«, stehen sich zwei bemerkenswerte Gebäude gegenüber: die Herzogin Anna Amalia Bibliothek und das Fürstenhaus, die heutige Hochschule für Musik »Franz Liszt«.
Das Bibliotheksgebäude wurde 1562 bis 1565 von Gromann als Gartenschloß für einen ehemaligen Lustgarten erbaut. 1761 bis 1766 ließ es Anna Amalia zur Bibliothek umbauen.

The world-famous hotel »Elephant« was opened in 1540 and frequented by many distinguished guests of Weimar. In the year 1937 Adolf Hitler had the decrepit, 400 years-old building torn down and rebuilt according to his taste.

The library building at the »Platz der Demokratie« was built between 1562 and 1565 as a summer residence for the former pleasure garden. In 1761 Grand Duchess Anna Amalia had it reconstructed as a library which Goethe was in charge of for about thirty years.

Aus dieser Zeit stammt auch der einzigartige, drei Stockwerke umfassende, ovale Lesesaal, den von Säulen getragene Galerien umlaufen. Schon im 16. Jahrhundert existierte eine fürstliche Bibliothek, die 1722 zur drittgrößten in Deutschland angewachsen war. Nach der Maxime »Was man nicht nützt, ist eine schwere Last« wurde sie im 18. Jahrhundert mehr und mehr zur öffentlichen Benutzung freigegeben. Goethe leitete sie fast dreißig Jahre, wobei ihm sein Schwager Christian August Vulpius zur Seite stand. Um mehr Raum zu erhalten, wurde in dieser Zeit ein Verbindungsbau zu dem südlich gelegenen Turm der ehemaligen Stadtmauer geschaffen, der 1821 in die Bibliothek einbezogen werden konnte. Er ist mit einer aus dem Weidaer Schloß entnommenen Wendeltreppe des 17. Jahrhunderts versehen, deren 16 Meter hoher Tragpfeiler aus einem einzigen mächtigen Eichenstamm geschnitzt wurde. Heute werden rund 850 000 Bände im Bestand der Bibliothek gezählt. Der Schwerpunkt der Sammeltätigkeit liegt bei Primär- und Sekundärliteratur zur

The overwhelming three-storied, oval reading-room was built at the same time. In order to get more room for all the books the library was connected with the tower of the former town wall on its southern side in 1821.

The house of the prince had to be used by the whole family after a fire had destroyed parts of the residential castle in 1774. At present it is used by Weimar's College of Music.

deutschen Aufklärung, Klassik und Romantik.

In dem 1770 bis 1774 entstandenen Fürstenhaus, das der herzoglichen Familie nach dem Schloßbrand von 1774 als Residenz diente, empfing Carl August den jungen Dr. Goethe aus Frankfurt. Später fand es für andere Zwecke Verwendung, nahm eine Zeichenschule auf, dann 1816 den Landtag und war bis zur Auflösung des Landes Thüringen 1952 Sitz des thüringischen Innenministeriums.

Die heute dort beheimatete Hochschule für Musik geht auf eine Orchesterschule zurück, die 1872 auf Anregung Liszts in Weimar ins Leben gerufen wurde.

Die Mitte des Platzes beherrscht das Denkmal Carl Augusts, das am 3. September 1875, dem Tag der 100. Wiederkehr seines Regierungsantritts, enthüllt wurde. Es zeigt Carl August hoch zu Roß als römischen Imperator. Der Enkel des Großherzogs, Carl Alexander, hatte dem Bildhauer Adolf von Donndorf den Auftrag dazu erteilt.

Erzogen nach der Vorstellung Wielands, »daß sie (die Fürsten) sich gewöhnen, nie zu vergessen, daß sie Menschen sind, und daß sie folglich überall ihresgleichen erkennen«, gelang es dem freiheitlich gesinnten Herzog, die kulturelle Entwicklung der damaligen Zeit von seiner kleinen Residenz aus – Weimar zählte 6 000 Einwohner – wesentlich zu beeinflussen.

Am 11. Dezember 1774 war er Goethe das erste Mal in Frankfurt am Main begegnet. Als dieser ein Jahr später nach Weimar kam, erhielt er die Stelle eines Geheimen Legationsrates, welche der Funktion eines Ministers entsprach. Diese Position und sein Einfluß auf den Herzog ermöglichten Goethe die Durchsetzung bürgerlicher Reformen.

The monument of Carl August (Charles Augustus), erected in 1875, dominates the centre of the square. It shows the Duke riding a horse like a Roman emperor. Carl August was the first to give his land a democratic constitution.

Behind the house of the prince a botanical rarity has been growing for many years. The »Gingko biloba« also called maidenhair tree was imported from Eastern China and Japan where it is sacred. In the middle of the 18th century the trees spread over Germany. Also Goethe was fascinated by this tree. The shape of the Gingko's leaf symbolised pure love and friendship for him and his poem about this tree is well-known.

So war Carl August der erste deutsche Fürst, der seinem Land eine demokratische Verfassung gab und damit das auf dem Wiener Kongreß gegebene Versprechen einlöste. Das »Grundgesetz des Großherzogtums Sachsen-Weimar-Eisenach« wurde am 5. Mai 1816 verkündet. Es räumte der Bevölkerung größere Rechte ein und berief ihre Vertreter in die Landesregierung.
Hinter dem Fürstenhaus gedeiht seit vielen Jahren eine botanische Sehenswürdigkeit.
Der »Gingko biloba«, auch Goldfruchtbaum oder Fächerblattbaum genannt, ist in seiner Heimat Ostchina und Japan heilig. Als sozusagen lebendes Fossil stammt er aus jener Zeit, da sich Nadelbäume zu Laubbäumen umbildeten. Seine wie kleine Fächer aussehenden zweigeteilten Blätter sind aus zusammengewachsenen Nadeln entstanden. Mitte des 18. Jahrhunderts wurden die Bäume in Deutschland verbreitet. Auch Goethe war von ihnen fasziniert. In der Form des Gingkoblattes sah er ein Symbol der Liebe und Freundschaft und widmete ihm ein Gedicht:

»Dieses Baumes Blatt, der vom Osten
Meinem Garten anvertraut,
Gibt geheimen Sinn zu kosten,
Wies den Wissenden erbaut.

Ist es ein lebendig Wesen,
Das sich in sich selbst getrennt?
Sind es zwei, die sich erlesen,
Daß man sie als eines kennt?

Solche Frage zu erwidern
Fand ich wohl den rechten Sinn:
Fühlst du nicht an meinen Liedern,
daß ich eins und doppelt bin?«

Am Eingang zum Park an der Ilm steht das Haus der Frau von Stein, in dem sie seit 1777 mit ihrem Mann, dem Oberstallmeister Josias Freiherr von Stein, und

»Es lebten bedeutende Menschen hier, die sich nicht miteinander vertrugen: das war das belebendste aller Verhältnisse, regte an und erhielt jedem seine Freiheit.«

Johann Wolfgang Goethe

ihren Kindern wohnte. Goethe ging hier viele Jahre ein und aus. Die Zuneigung des Dichters hat Charlotte berühmt gemacht, fand sie doch in seinem tiefempfundenen dichterischen Werk ihren Ausdruck.
In der späteren Pension im Haus der Frau von Stein, die noch heute behaglich mit Stilmöbeln ausgestattet ist, wohnte auch Marlene Dietrich während ihres kurzen Musikstudiums am Konservatorium. Die untere Etage soll in der nächsten Zeit vom Goethe-Institut bezogen werden.
Goethes und von Steins Anwesen sind nur zwei Gehminuten durch die Seifengasse voneinander entfernt.

Das Haus des Dichters steht am Frauenplan, der seinen Namen von einer mittelalterlichen Kapelle »Zu unserer lieben Frau« ableitet. Der Straßenraum wird in seiner architektonischen Gestalt von diesem gelben, langgestreckten, barocken Bürgerhaus besonders geprägt. Das repräsentative, ursprünglich nach seinem Erbauer benannte Helmershausensche Palais von 1707 bewohnte Goethe seit dem 1. Juni 1782, bis 1789 als Mieter und nach der Rückkehr

*After 1782 Goethe lived in the baroque »Helmershausenschen Palais«. Later it was bought by Carl August as a present for his friend.
His plain study is situated in the back part of this large house with its windows looking into the garden.
Here he wrote among others the »Wahlverwandtschaften« (»Elected Affinities«), »Dichtung und Wahrheit« (»Poetry and Truth«) and »Faust«. He died next-door in his small bedroom on the 22nd of March in 1832.*

»Goethe verursacht hier einen großen Umsturz; wenn er auch wieder Ordnung machen kann, um so besser für sein Genie! Sicherlich ist seine Meinung gut, aber zu große Jugend und zu geringe Erfahrung – doch warten wir das Ende ab.«

Frau von Stein
in einem Brief an Johann Georg
Zimmermann 1776

The exhibition in the »Goethe-Nationalmuseum« which is dedicated to the great humanist's life and work is presently being revised. The museum was constructed in 1913 and 1935.

The estate of Goethe was just two minutes' walk via Seifengasse away from Charlotte von Stein's house. For many years Goethe was a close and frequent guest in her home. The poet's affection made her famous through his expressive poetic works.

von einer Italienreise 1792 als Eigentümer. Carl August hatte es gekauft und dem Freund geschenkt. Hier hat sich der Dichter und Staatsmann, der Forscher und Kunstsammler wohlgefühlt. Unter der Maxime, das Schöne mit dem Nützlichen zu verbinden, wurde das Innere des Hauses nach Goethes Plänen und Entwürfen verändert und eingerichtet. Entsprechend seiner Farbenlehre wählte er für die einzelnen Räume unterschiedliche Anstriche. Sein karges Arbeits- und winziges Schlafzimmer befanden sich im hinteren, an den Garten grenzenden Teil des großen Hauses. Hier durften ihn nur Familienmitglieder und engste Mitarbeiter oder Freunde aufsuchen. In der »Werkstatt seines Schaffens« entstanden unter anderem die »Wahlverwandtschaften«, »Dichtung und Wahrheit« und »Faust«.
In der Kammer nebenan ist er am 22. März 1832, im Lehnstuhl neben dem Bett sitzend, gestorben. Goethes Enkel Walther und Wolfgang, die im Haus

WEIMARPARK: BLICK ZUM HAUS DER FRAU VON STEIN

The style of the impressive brick building of the Goethe-Gymnasium is based on the German Renaissance. This school replaced the old one which was situated at the Herderplatz in 1887.

aufgewachsen waren – der Sohn August bewohnte mit seiner Familie das Mansardengeschoß – hüteten es bis zu ihrem Tode. Zurückgezogen und menschenscheu gestatteten sie nur selten jemandem den Zutritt zu den vorderen Räumen. In ihrem Testament übereigneten sie den schriftlichen Nachlaß des Großvaters der Großherzogin Sophie, Haus, Mobiliar und Sammlungen aber dem Sächsisch-Weimarischen Staat, wodurch diese wieder der Öffentlichkeit zugänglich wurden. In den 1913 und 1935 eigens für das Goethe-Nationalmuseum entstandenen Gebäuden wird die umfangreiche Ausstellung zum Leben und Werk des großen Humanisten neu gestaltet.

Das »Gasthaus zum Weißen Schwan«, bereits im 16. Jahrhundert erwähnt, ist das älteste Haus am Frauenplan. Goethe brachte seine Gäste im »Schwan« unter

The Gasthaus zum Weißen Schwan, mentioned already in the 16th century, is the oldest building on the Frauenplan. Goethe used to send his guests here to spend the night because he enjoyed the cosy atmosphere of the inn himself.

In 1995 the restored sculpture Wildenbruch got back into its original place in the Poseckscher Garten. This sculpture, erected in 1914 in remembrance of the writer Ernst Wildenbruch (1845-1909), was demolished because of its alleged glorification of war. The larger than life swordsman in his antique nakedness was designed by Richard Engelmann.
In Weimar a beautiful English style park was laid out with

und verkehrte selbst gern in den gemütlichen Gasträumen.
Im Nachbargebäude wohnte Schiller von 1787 bis 1789, als er nach Weimar gekommen war, um Goethe kennenzulernen. Dieser weilte aber zu jener Zeit in Italien, und so nahm Schiller eine Professorenstelle an der Jenaer Universität an. Erst zwölf Jahre später kam er, mittlerweile mit Goethe befreundet, nach Weimar zurück, um am hiesigen Theater seine dramatischen Werke zu inszenieren. Hinter dem Goethebrunnen, einem 1820 von Coudray geschaffenen gußeisernen Wasserbecken, verläßt die Brauhausgasse den Frauenplan. Dort kennzeichnet eine Travertintafel das unscheinbare Haus Johann Peter Eckermanns, der seit seiner Ankunft in Weimar 1823 darin wohnte, um stets in Goethes Nähe zu sein. Der treue Diener des Dichters schrieb hier allabendlich das täglich bei Goethe Gesprochene und Gehörte auf. Seine jahrelange geduldige Vorarbeit für jenes vielgelesene Werk »Gespräche mit Goethe« machte ihn für Literaturforscher und Goetheverehrer unsterblich.

In Richtung Südwesten beginnt die nach der Großherzogin benannte Amalienstraße am Goethe-Gymnasium.
Dieser eindrucksvolle Backsteinbau orientiert sich am Stil der deutschen Renaissance und ersetzte 1887 das bis dahin am Herderplatz untergebrachte Gymnasium.
Bevor die Amalienstraße auf die Friedhofsmauer stößt, passiert sie rechter Hand das Museum für Ur- und Frühgeschichte Thüringens. Die hundertjährige Einrichtung nutzt das ehemalige, 1907 für den Bildhauer Adolf von Donndorf erbaute Museum und das Poseck-sche Haus, dessen südlich angrenzender Garten heute einen Vorplatz zum Historischen Friedhof bildet. In der Ausstellung erwartet den Besucher eine umfangreiche und international bedeutende Sammlung bemerkenswerter Zeugnisse von der Urgeschichte bis zur frühen Neuzeit, die vor allem aus Weimar und seinem thüringischen Umland stammen.
Im Poseckschen Garten erhielt 1995 das restaurierte Wildenbruchdenkmal seinen Platz zurück. Die 1914 zu Ehren des Schriftstellers Ernst von Wildenbruch (1845-1909) geschaffene Skulptur war 1976 wegen angeblich kriegsverherrlichender Aussage abgerissen worden.
Der überlebensgroße Schwertkämpfer in antiker Nacktheit ist ein Werk des Bild-

wide meadows, tall tree groups and picturesque views in 1778. Goethe's famous garden house is set in these idyllic surroundings. This house was given to Goethe as a present by the Duke. With the help of this gift he intended to tie Goethe more closely to Weimar.
For six years Goethe lived in the small, plain rooms and worked in the garden to find inspiration in nature.

hauers Richard Engelmann, der seit 1913 als Leiter der Bildhauerabteilung an der Weimarer Kunsthochschule lehrte, bis ihn 1930 der neue Direktor Schultze-Naumburg seines Postens enthob.
Am Wielandplatz schaut das Bronzestandbild des großen Dichters zum Frauenplan hinab. Der Wiener Bildhauer Hans Grasser schuf das Denkmal im Jahre 1857, anläßlich des hundertsten Geburtstags von Carl August.
Wahrzeichen des Platzes aber ist das Hansahaus auf der gegenüberliegenden Straßenseite, ein imposantes Jugendstilgebäude des Weimarer Architekten Rudolf Zapfe.

Lange bevor an den großzügigen Park an der Ilm zu denken war, befand sich im 17. Jahrhundert am heutigen Beethovenplatz ein höfischer Lust- und Nutzgarten. Er war nach italienischem Vorbild angelegt und hatte als besondere Attraktion einen hohen, hölzernen Rundbau von Johann Moritz Richter, »Schnecke« genannt, eine Aussichtsplattform mit verschiedenen Etagen. 1808 mußte sie den fortschreitenden Parkplänen Carl Augusts und Goethes weichen. Am Beethovenplatz baute Streichhan 1882 bis 1884 ein Archivgebäude in der Art florentinischer Renaissancepaläste. Als Teil des Thüringischen Hauptstaatsarchivs nimmt es historische Dokumente aus Thüringens Vergangenheit auf.

Der weitläufige Park an der Ilm wuchs seit 1778 in drei Jahrzehnten aus einer zum größten Teil nüchternen und reizlosen Landschaft. Bei seiner Gestaltung bat man mehrfach den Fürsten Franz von Dessau um Rat, dessen Wörlitzer Park als Produkt hoher Gartenbaukunst galt. Weimar erhielt so einen wunderbaren englischen Park mit weiten Wiesenflächen, hohen Baumgruppen, malerischen Durch- und Ausblicken. Denkmäler, Ruinen und Bauten scheinen mit ihrer Umgebung verwachsen. Die busch- und wiesenumsäumten Pfade führen zu idyllischen Flecken, an denen Bänke zum Verweilen einladen.
Und in diese herrliche Landschaft eingebettet steht Goethes berühmtes Gartenhaus. Der Weg dorthin führt über eine Felsentreppe mit Felsentor, das »Nadelöhr«, und die Floßbrücke direkt darauf zu. Um ihn an Weimar zu binden, schenkte der Fürst seinem Dichter das Häuschen im Ilmtal.

Dieser nahm es dankbar an und konnte am 21. April 1776 von dem Grundstück Besitz ergreifen. Damit wurde aus seinem anfänglich nur für wenige Wochen geplanten Besuch in Weimar ein Aufenthalt fürs Leben.
Sechs Jahre hat er hier gewohnt, Sommer und Winter in den kleinen, bescheiden eingerichteten Räumen verbracht, im Garten gearbeitet und sich von der umgebenden Natur zu poesievollen Versen inspirieren lassen. Hier erholte er sich von »Aktenstaub und Hofdunst«, als er schon längst in sein großes Haus am Frauenplan umgezogen war.
Sein Herz gehörte dem Gartenhaus, das die erste Liebe zu Christiane Vulpius, dem sechzehn Jahre jüngeren Bürgermädchen, erlebte. Goethe hatte sie 1788 im Park kennengelernt, als sie ihm eine Bittschrift für ihren Bruder überreichen wollte. Er nahm sie als »seine Frau ohne Zeremonie« zu sich. Beider Sohn August erblickte Weihnachten 1789 das Licht der Welt. Christiane wurde noch viermal Mutter, aber diese Kinder starben bald nach der Geburt.
Es gab auch Jahre, in denen Goethe den abgelegenen Garten und das schindelgedeckte Häuschen mied, ja, sich sogar mit Verkaufsgedanken trug, doch seit 1826 wurde dem greisen Dichter das Anwesen wieder besonders lieb. Er ließ neue Pflanzungen und Pflasterungen vornehmen und wohnte öfter wochenlang dort. Einen Monat vor seinem Tod weilte er zum letzten Mal in seinem »alten Garten«.

Gegenüber versteckt sich am anderen Ufer der Ilm das Borkenhäuschen, ein runder, mit Baumrinde umkleideter Holzbau. Das anfängliche Überbleibsel einer Kulisse zu einem der Herzogin Luise, Carl Augusts Frau, gewidmeten Theaterspiel, wurde später zu einem Lieblingsaufenthaltsort ihres Gatten.

»Ich freue mich herzlich, dich wieder zu sehen und dir zu sagen: daß zu Hause, bei seinem Liebchen das beste in der Welt ist, denn am Ende wer's nicht hat, sucht ein Zuhause und ein Liebchen.«

Goethe an Christiane Vulpius,
29. Juli 1795

In 1788 Goethe met the Christiane Vulpius, a simple girl, in this park who became his companion and lover. For many years they lived together without being married.

The hidden »Borkenhäuschen« is situated across the river Ilm. It is a round shed covered with bark.

Since 1904 the statue of the English bard William Shakespeare stands in front of an artificial ruin.

In the years from 1869 to 1886 Franz Liszt stayed during his visits in the former house of the court gardener on the edge of the park.

The Roman House was built for Carl August in 1792. This example of total dedication to the classic antique model can be found in the southern part of the park.

Das kleine Refugium steht an einem Hang, der die obere und untere Parkebene miteinander verbindet.
Oberhalb des Borkenhäuschens erhebt sich eine künstliche Ruine. Die einstige Schießmauer der Büchsenschützen wurde nach einem Vorschlag Goethes mit Architekturteilen des abgebrannten Schlosses in eine mittelalterliche Burgruine verwandelt.

Davor steht das Denkmal des englischen Dramatikers William Shakespeare.
Es wurde 1904 im Auftrag der Deutschen Shakespeare-Gesellschaft, der 1864 gegründeten ersten deutschen Literaturgesellschaft, von Otto Lessing in Marmor gehauen und zeigt den Dichter mit den Attributen seines Schaffens: Narrenkappe und Pritsche neben Dolch und Totenschädel.

In dieses Ambiente gesellt sich die Ruine des Tempelherrenhauses, eines Teesalons vom Ende des 18. Jahrhunderts, in dem auch Franz Liszt Konzerte gab. Der Name stammt von vier ursprünglich dort aufgestellten hölzernen Ritterfiguren, den Tempelherren.
Dieses Gebäude fiel dem Bombenangriff auf Weimar 1945 zum Opfer und wurde nicht wieder aufgebaut. Das Lisztdenkmal in der Nähe ist ein Werk des Münchner Bildhauers Hermann Hahn von 1902.
Im früheren Haus des Hofgärtners am Rande des Parks wohnte Liszt bei seinen späteren Besuchen und Sommeraufenthalten in Weimar von 1869 bis 1886. Das großherzogliche Paar hatte ihm dieses Haus zur Verfügung gestellt und eingerichtet. Hier versammelte sich alljährlich ein großer Kreis von Schülern um den gefeierten Musiker. Sonntags veranstaltete er Matineen, bei denen er mit seinen besten Schüler auftrat.

Weiter südlich im Park steht, ganz der klassischen antiken Architektur verschrieben, das Römische Haus.
Es wurde 1792 bis 1797 nach einem Entwurf von Johann August Arens für Herzog Carl August gebaut. Leichtsinnig ragt es über den Abgrund zur Ilm hinaus und wird doch sicher von kräftigen dorischen Säulen gehalten.
Der Eingangsbereich ist dem eines ionischen Tempels nachempfunden und verleiht dieser hellen Parkarchitektur die Feierlichkeit einer Andachtsstätte.
Vom Römischen Haus schweift der Blick frei über den Park hinweg zu den Hängen »Am Horn«, oberhalb des Goetheschen Gartenhauses, wo sich, umgeben von dichtem Grün, eine Reihe interessanter Bauten aneinanderfügen.

Anläßlich der Bauhausausstellung 1923 entstand hier nach dem Entwurf von Georg Muche ein Versuchshaus als Muster für die geplante Bauhaussiedlung »Am Horn«. Um einen überhöhten, zentralen Wohnraum gruppierten sich alle übrigen Zimmer des Hauses. Die ausgestellten Arbeiten der Bauhauswerkstätten veranschaulichten umfassend die Vorstellungen von Wohnkultur am Bauhaus. Seit 1973 wird im zentralen Raum des Versuchshauses dessen Entstehung und Ausführung dokumentiert.
In nächster Nähe wohnten die bekannten Bauhausmeister Paul Klee, Johannes Itten und László Moholy-Nagy.

An Goethes Gartenhaus vorbei führt der Corona-Schröter-Weg durch den gesamten Park bis nach Oberweimar. Das Deutsche Bienenmuseum in den schönen Fachwerkbauten des ehemaligen Landgasthofes Goldener Schwan begrüßt den Spaziergänger am Eingang zum Ortsteil. Gründer des ersten Deutschen Bienenmuseums 1907 in Weimar war der Pfarrer und Bienenforscher Ferdinandt Gerstung. Seit 1910 wurde

From the Roman House the view wanders freely across the park to the slopes »Am Horn«.

Here on the occasion of the Bauhaus exhibition an experimental house was built as a model for the planned housing development »Am Horn« in 1923. This house was designed by Georg Muche. All the exhibits of this Bauhaus workshop illustrate the imagination of living Bauhaus culture.
Across the park a path leads to the German museum of bees which is situated in the half-timbered house of the former inn »Goldener Schwan« in Oberweimar.

die Sammlung in verschiedenen Räumen städtischer naturkundlicher Museen gezeigt, bis sie 1957 einen festen Standort in Oberweimar bekam. Die liebevoll restaurierten Gebäude beherbergen neben dem Museum inzwischen wieder eine Gaststätte und laden zum Verweilen ein.
Der Fachwerkturm der Kirche Sankt Peter und Paul lenkt mit seinem hochgezogenen Dach die Aufmerksamkeit auf sich. Die 1361 vollendete Kirche steht an der Stelle einer ersten, 1281 geweihten Klosterkirche. Im Kloster zu Oberweimar lebten die Nonnen nach den Regeln der Zisterzienser, ohne ihnen jedoch anzugehören. Es wurde Anfang des 16. Jahrhunderts aufgelöst. Das Gotteshaus diente fortan als Pfarrkirche für die Oberweimarer Gemeinde.
In das schöne Portal an der Südseite der Kirche ist ein romanisches Tympanon aus dem Vorgängerbau eingearbeitet, das das Jüngste Gericht zum Thema hat.

The half-timbered tower of the church »Sankt Peter und Paul« attracts attention because of its steep roof. In 1518 the tower was added to the original church which was already finished in 1361.

A Roman tympanon from the preceding building is incorporated into the beautiful portal at the South side of the church. It shows the Last Judgement.

In the church the impressive grave of the Earl Friedrich the First of Orlamünde and his wife from 1365 can be found. The church was designed in a discreet baroque style in the 18th century.

Der Kirchturm entstand 1516 bis 1518. Direkt unter ihm fließt der kleine Papierbach zur nahen Ilm.
Im Inneren der Kirche, die im 18. Jahrhundert eine dezent barocke Ausstattung erhielt, findet sich das eindrucksvolle Grab des Grafen Friedrich I. von Orlamünde und seiner Frau von 1365.

Stadteinwärts erreicht die Steubenstraße an ihrem westlichen Ende eine weit jüngere Weimarer Kirche. Der Baukörper der Ende des 19. Jahrhunderts entstandenen katholischen Herz-Jesu-Kirche ist ganz dem Historismus verhaftet.
Ihr Baumeister Maximilian Meckel vereinte Elemente der Romanik, Gotik und Renaissance und setzte mit der dem florentinischen Dom entlehnten Kuppel und dem Turm einen besonderen Akzent auf die italienische Renaissance.
Bis zur Errichtung der Herz-Jesu-Kirche war die kleine katholische Gemeinde Weimars ohne eigene Pfarrkirche. Die Reformationsbestrebungen im 16. Jahrhundert hatten in Weimar, starke Wirkung gezeigt und viele Bürger dazu veranlaßt, zum Protestantismus überzutreten. 1533 verließen die letzten Franziskanermönche Weimar und damit erlosch vorerst die katholische Gemeinde. Nach 1734 wurden in Weimar wieder vereinzelt katholische Gottesdienste, vor allem für die katholischen Soldaten, abgehalten. Nachdem der Friedensvertrag mit Napoleon schon 1806 die Gleichstellung von Protestanten und Katholiken vorsah, veranlaßte schließlich Herzog Carl August 1819 die Gründung einer katholischen Pfarrei.

At the Westend the Steubenstraße a newer church can be found. This sacral edifice, which was built at the end of the 19th century, is committed to historism. Its architect Maximilian Meckel combined romantic, gothic and Renaissance elements with a special accent on the Italian Renaissance. This finds its most visible expression in the church's tower and dome which were designed according to the model of a Florentine cathedral.

Friedrich Nietzsche spent his last years in the villa »Silberblick«. He was looked after by his sister Elisabeth Förster-Nietzsche. Later she initiated the infamous Nietzsche cult. After the turn of the century, the villa was the address of the »Neue Weimar« (New Weimar) – a group which was founded by Mrs Förster-Nietzsche, Earl Kessler and Henry van de Velde. The aim of this association of artists, patrons and friends of the arts was to revive the old spirit of the town and to turn it again into a lively

Ganz in der Nähe der Kirche an der Steubenstraße findet sich auch heute noch die 1909 eröffnete Weinstube »Alt Weimar«. Im gleichen Haus lebte von 1892 bis 1896 der Anthroposoph und Goetheforscher Rudolf Steiner.
Er war Mitarbeiter im Goethe- und Schiller-Archiv und bearbeitete dort Goethes naturwissenschaftliche Schriften für die »Sophienausgabe«. In Weimar entstand auch die theoretische Grundlage zu seiner anthroposophischen Lehre, die »Philosophie der Freiheit«. Seine Schrift von 1895 »Friedrich Nietzsche, ein Kämpfer gegen seine Zeit« erreichte den seit 1897 in Weimar lebenden Philosophen nicht mehr. Friedrich Nietzsche verbrachte in der Villa Silberblick am höchsten Punkt der Humboldtstraße, von seiner Schwester Elisabeth Förster-Nietzsche umsorgt und vermarktet, seine letzten drei, von Krankheit bestimmten Lebensjahre. Schon seit 1889 hatte er mit wachsender geistiger Umnachtung zu kämpfen gehabt. Nach der Jahrhundertwende war die Villa mit dem Schriftzug »Nietzsche-Archiv« eine der Adressen des »Neuen Weimar«, einer von Frau Förster-Nietzsche, Graf Kessler und van de Velde angeregten Vereinigung von Künstlern, Kunstfreunden und -mäzenen, die die Stadt wieder zu einem ausstrahlenden Zentrum für Kunst, Literatur und Theater erwecken wollten. Vom Nietzsche-Archiv wurden verschiedenste Ausgaben der Schriften des

Philosophen editorisch betreut. Von diesem Haus gingen aber auch während der zwanziger und dreißiger Jahre in Verbindung mit dem von der Schwester inszenierten Nietzsche-Kult zahlreiche Kontakte zu rechtsgerichteten und faschistischen Kreisen aus. Frau Förster-Nietzsche korrespondierte mit Mussolini und empfing den Nietzsche-Verehrer Hitler, der Geld aus seiner Privatschatulle für eine von Schultze-Naumburg geplante Nietzsche-Gedächtnishalle neben der Villa spendete. Der Plan konnte durch den Krieg nur zum Teil verwirklicht werden.

1945 wurde das Haus von der Roten Armee geschlossen. Die Bestände lagerte man 1949 in das Goethe- und Schiller-Archiv aus, während die Villa zum Gästehaus der Nationalen Forschungs- und Gedenkstätten umfunktioniert wurde. Gegenwärtig ist man bestrebt, das Werk des großen Philosophen auch an seinem Sterbeort durch kritische Aufarbeitung gebührend zu würdigen. In dem 1903 vom belgischen Maler und Architekten

centre of art, literature and theatre.

During the twenties and thirties, Nietzsche's sister got more involved into the fascist movement which also affected the group.

»Mein Weimarer Institut, auf dem die Fahne des Aufstandes wehte, war die fortschrittlichste Zitadelle der neuen künstlerischen Prinzipien.«

Henry van de Velde 1907

Henry van de Velde gestalteten Erdgeschoß empfängt den Besucher der Erinnerungsstätte edler Jugendstil.

Es ist Graf Kesslers Empfehlung und Fürsprache zu verdanken, daß der junge Großherzog Wilhelm Ernst 1902 van de Velde als künstlerischen Berater für Industrie und Handwerk nach Sachsen-Weimar-Eisenach berief. Mit Kessler als ehrenamtlichem Direktor des Museums für Kunst und Kunstgewerbe, van de Velde und anderen Mitstreitern des »Neuen Weimar« brach für kurze Zeit ein kultureller Aufschwung für Weimar an, dem die lokalen Größen der Heimatkunst nicht gewachsen waren. Nach dem Scheiden Kesslers machten sich in Weimar Gerüchte über van de Veldes angebliches Weggehen von Weimar breit. Van de Velde gründete dagegen 1907 die Kunstgewerbeschule und baute in der Belvederer Allee am Rande der Stadt in der kurzen Zeit von etwas mehr als sechs Monaten das Wohnhaus »Hohe Pappeln« für sich, seine Frau und die fünf Kinder. Der Bau kam einem Zeichen gleich, in Weimar bleiben zu wollen und den Aufbau der Kunstgewerbeschule fortzusetzen. 1912 bis 1914 entstanden zwei weitere Häuser nach seinen Entwürfen, das Haus Dürckheim in der

The classical mausoleum which was built by Coudray in the years from 1822 to 1827 for the Duke and his family became the tomb of many famous people. Duke Carl August admired Goethe and Schiller and he wanted to be united with these great poets even after his death. Therefore he ordered that they should find their final resting place at his side.

The chapel of the Grand Duchess Maria Pawlwona was built in 1859 behind the ducal tomb.

Cranach- und das Haus Henneberg in der Gutenbergstraße.
Nach starken Restriktionen in der zunehmend nationalistisch geprägten Zeit vor dem Ersten Weltkrieg kündigte der belgische Künstler und Mitbegründer des Deutschen Werkbundes seine Stellung und konnte 1917 in die Schweiz emigrieren.
Viele seiner und Kesslers Pläne für Weimar, ihre Bemühungen, die Stadt von der Epigonenkunst und Provinzialität zu befreien, scheiterten. Entwürfe für ein Kunstgewerbemuseum am Karlsplatz wurden ebensowenig verwirklicht wie der vom Museumsdirektor Karl Koetschau geforderte Umbau des Landesmuseums oder die Vorstellungen für ein Festspielhaus an der Belvederer Allee. Einzig die Idee eines Stadionbaus, allerdings ohne die Verbindung mit dem Nietzsche-Denkmal und Mausoleum, wurde nach dem Ersten Weltkrieg modifiziert weiterbetrieben und in die Tat umgesetzt. 1917 stimmte der Großherzog Wilhelm Ernst dem Bau eines Landesstadions für die Friedenszeit zu. Er berief im selben Jahr, von van de Velde empfohlen, Walter Gropius nach Weimar. Spuren von Gropius' Tätigkeit finden sich unter anderem auf dem Weimarer Friedhof, der 1818 als Neuer Friedhof zwischen den alten Gehölzen eines großherzoglichen Besitztums südlich des Poseckschen Gartens seiner Bestimmung übergeben worden war.

Viele Gräber bedeutender Namen aus klassischer und nachklassischer Zeit gruppieren sich um die Fürstengruft. Die als klassizistisches Mausoleum für die Weimarer Fürsten in den Jahren

DR. FRITZ PFAFFERO
+ 20.12.1898 † 5.4.1976
BIBL. RAT DR. WALTER

1822 bis 1827 von Coudray erbaute Familiengruft nahm schon kurz nach ihrer Fertigstellung die aus dem Kassengewölbe überführten Gebeine Schillers auf. Carl August hatte festgelegt, im Tod weiter mit den beiden, von ihm so geschätzten Dichtern verbunden zu sein, und so fand auch Goethe hier seine letzte Ruhestätte.
Kurz vor Ende des Zweiten Weltkrieges sollten die Särge im Zuge des Totalen Krieges gesprengt werden. Im September 1944 bereitete Gauleiter Sauckel die Auslagerung der Dichtersärge vor, und am 11. Dezember 1944 wurden sie im Schutz der Dunkelheit abgeholt und in einem Jenaer Sanitätsbunker zwischengelagert. Zwei verantwortungsvolle Männer versteckten sie schließlich vor dem Sprengkommando. Mit Hilfe der amerikanischen Armee kehrten die Dichtersärge in die Gruft nach Weimar zurück, wo sie auch heute noch zusammen mit den Sarkophagen der Fürstenfamilie zu besichtigen sind.

Unmittelbar an die Gruft wurde 1859 die Grabkapelle der Großherzogin Maria Pawlowna angebaut. Dort fand sie gemäß ihrem russisch-orthodoxen Glauben, dem sie treu geblieben war, in russischer Erde und an der Seite ihres Mannes Carl Friedrich ihre letzte Ruhe. Die Kapelle wird heute noch für Gottesdienste genutzt.
An den historischen Friedhof schließt sich nach Süden der Weimarer Hauptfriedhof an. Hier steht das von Gropius entworfene Denkmal für die Märzgefallenen.
Es wurde am 1. Mai 1922 zu Ehren der Gefallenen des Kapp-Putsches enthüllt. Gropius nannte die in Beton ausgeführte Form einen »Blitzstrahl aus dem Grabesboden als Wahrzeichen des lebendigen Geistes«.

In the main cemetery of Weimar one finds the monument »Märzgefallene« designed by Walter Gropius. It was unveiled in honour of the fallen during the Kapp putsch on the 1st of May in 1922.
Walter Gropius called the concrete shape a „flash out of the grave as a sign of the living spirit."

One building strikes the eye of the visitor when he leaves the cemetery. It is one of the oldest »Atelierhaus« (house containing studios) of Germany. The house was commissioned by the »Atelierhaus Gesellschaft« of Weimarian artists in 1904. Since then the twelve studios have been in continuos use.
More historical studios are to be found in the Prellerhaus behind the buildings of the Bauhaus University. Their roots reach far back into the 18th century.

Ein markantes, einzeln stehendes Gebäude neben der Friedhofsmauer gehört zu den ältesten Atelierhäusern Deutschlands. In Auftrag gegeben wurde der durch schmale Lisenen vertikal gegliederte Bau mit individuellen Fenstern und Türen 1904 von der Atelierhaus-Gesellschaft Weimarer Künstler. Der asymmetrische, aber vollplastische Baukörper stellt eine gelungene Synthese von klarer Funktionalität und sparsamer Jugendstilornamentik dar. Seit 1941 ist das Atelierhaus in städtischem Besitz.
Da sich bis heute am großen Bedarf von Ateliers nichts geändert hat, waren und sind die 12 Arbeitsräume in ständiger Nutzung. Die Sanierungskonzeption von 1993 sieht eine schrittweise Instandsetzung und Neubelebung des Hauses mit Ausbau einer Stipendiatenwohnung und Räumen für eine Galerie und Artothek vor.
Weitere historische Ateliers finden sich im Prellerhaus hinter den Gebäuden der Bauhaus-Universität, wie die Kunst- und Architekturschule Weimars heute heißt. Ihre Wurzeln reichen ins 18. Jahrhundert zurück: seit 1776 gab es in Weimar die »Freie Zeichenschule«. 1829 kam eine von Goethe und Coudray eingerichtete »Freie Gewerkeschule« und 1859 eine Baugewerkeschule hinzu.
Mit der Gründung der Großherzoglichen Kunstschule und Entstehung der erwähnten Ateliers 1860 kamen namhafte Künstler als Lehrer an diese Einrichtung, die der deutschen Malerei wesentliche Impulse vermittelten. Die als »Weimarer

Malerschule« in die Kunstgeschichte eingegangene Kunstakademie wurde 1902 aus dem Status einer fürstlichen Privatanstalt in staatliche Verwaltung überführt.
Von 1904 bis 1911 schuf van de Velde den großzügig angelegten Baukomplex für die Kunstschule und die von ihm 1907 gegründete Kunstgewerbeschule. 1919 wurden beide durch Gropius zum Staatlichen Bauhaus vereinigt.

Das Bauhaus ging mit seinem didaktischen Programm und pädagogischen Methoden in der Lehre für Architektur und Produktgestaltung neue Wege. Gropius gewann eine große Zahl berühmter Mitstreiter: Paul Klee, Wassily Kandinsky, Lyonel Feininger, Johannes Itten, László Moholy-Nagy, Gerhard Marcks und Oskar Schlemmer.

Zunehmender Widerstand bürgerlich reaktionärer Kreise und eifersüchtiger einheimischer Künstler sowie politischer Druck gegen die von demokratischen und sozialistischen Ideen getragene Bauhausarbeit erzwangen schon 1925 die Schließung und Übersiedlung der Meister und Schüler nach Dessau.
Sie wurden, wie schon einige Jahre zuvor Graf Kessler und van de Velde, durch heimattümmelnde Kreise vertrieben.
Bereits 1930 wurden auf Anordnung des vom nationalsozialistischen Minister Frick eingesetzten Direktors Schultze-Naumburg die Wandfresken Schlemmers im Hochschulgebäude entfernt. Er entließ fast den gesamten Lehrkörper von Otto Bartnings Schule, der Nachfolgeeinrichtung des Bauhauses, mit der Begründung, daß es dort immer noch zu viele Sympathien für Gropius' Ideen gäbe.

Henry van de Velde created the large complex of the School of Arts and the School of Arts and Crafts which was founded by him in 1907. Both schools were combined by Gropius and into the new National Bauhaus.
The Bauhaus took new ways with its didactic programme in the theory of architecture and product design. Gropius won a lot of famous companions such as Paul Klee, Wassily Kandisky, Lyonel Feininger, Johannes Itten, László Moholy-Nagy, Gerhard Marcks and Oskar Schlemmer.

»Das Wichtigste für alle bleibt aber selbstverständlich die Heranziehung starker lebendiger Persönlichkeiten. Wir dürfen nicht mit dem Mittelmäßigen beginnen, sondern wir haben die Pflicht, starke, in der Welt bekannte Persönlichkeiten, wo sich nur Gelegenheit bietet, heranzuziehen, auch wenn wir sie innerlich noch nicht verstehen.«

Walter Gropius zur Gründung des Bauhauses in einem Brief an Ernst Hardt vom 14. April 1919

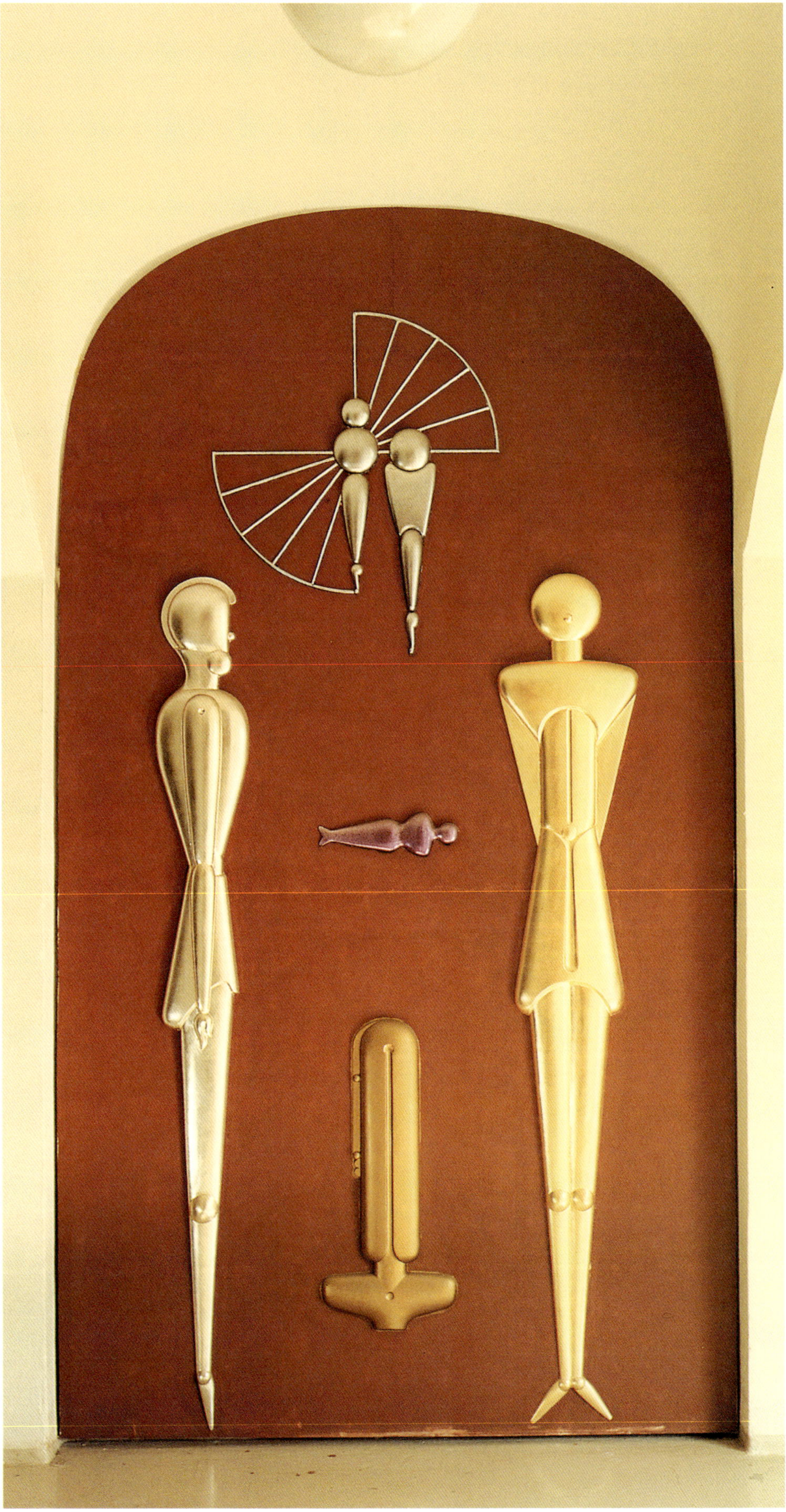

The sudden closing of the Bauhaus and its removal to Dessau in 1925 was forced by increasing resistance of bourgeois reactionary circles and jealous local artists as well as political pressure against the work of the Bauhaus which was known for its democratic and socialist ideas. The frescos by Oskar Schlemmer were removed from the school-building in 1930.

The reform of the GDR colleges in 1951 caused the separation of the fine arts from the Weimarian school. It was only in 1993 that the Bauhaus University reintroduced the combination of training in construction and design.

Schultze-Naumburgs Politik in Weimar kam einem verspäteten Angriff auf das Bauhaus gleich, ließ das Interesse der deutschen Presse am Streit um das Bauhaus wieder aufleben und reihte zum ersten Mal die nationalsozialistische Partei in die Riege der Bauhausgegner ein. 1942 wurde die Handwerkerschule unter Otto Dorfner ausgegliedert. Nachfolger des pensionierten Schultze-Naumburg wurde der Architekt Gerhard Offenberg.
Als neuer Direktor der nach Kriegsende reorganisierten Schule kam 1946 Hermann Henselmann, der spätere Stararchitekt der DDR, nach Thüringen.
Die Hochschulreform 1951 in der DDR führte an der Weimarer Schule zur Trennung von den Bildenden Künsten. Erst seit 1993 vereint die Bauhaus-Universität wieder die baufachliche mit der gestalterischen Ausbildung.

Die Belvederer Allee führt von den Hochschulgebäuden am Park stadtauswärts auf den Hügel mit der »Schönen Aussicht«. Hier fällt der Blick nicht nur auf die kleine Stadt im Tal, sondern auch zur Anhöhe des Ettersberges und läßt die finstere Seite in Weimars Geschichte nicht vergessen.
Weithin sichtbar mahnt der Glockenturm von Buchenwald auf dem Ettersberg, der 1958 mit der Gedenkstätte eingeweiht

MCMXLV

wurde. Seine Glocke hallt kalt über den Platz mit dem Buchenwalddenkmal von Fritz Cremer hinunter zu den großen Ringgräbern und der Straße der Nationen.
Seit dem 16. Juli 1937 waren fast 250 000 Menschen in dem nationalsozialistischen Konzentrationslager Buchenwald inhaftiert. Menschen aus ganz Europa, Juden und politsch Andersdenkende, Homosexuelle, Sinti und Roma wurden im Lager unter barbarischen Bedingungen ihrer Freiheit beraubt und zu schwerster Arbeit bis zur vollständigen Entkräftung gezwungen. Experimente an den Gefangenen mit Krankheitserregern, Folter und unzählige Morde standen auf der Tagesordnung des Lagers. Den Hinrichtungen und dem Prinzip »Vernichtung durch Arbeit« fielen bis zum 12. April 1945, als die amerikanische Armee in Weimar einmarschierte, rund 56 000 Menschen zum Opfer.
Damit sollte das Sterben auf dem Ettersberg aber noch kein Ende haben. Die sowjetische Besatzungsmacht, seit Juli 1945 in Thüringen, führte im Zuge der stalinistischen Entnazifizierung an gleicher Stelle von August 1945 bis Februar 1950 ein Internierungslager. Neben Protagonisten des nationalsozialistischen Regimes, NSDAP- und HJ-Führern, Polizisten und NS-Juristen wurden auch Jugendliche, meist zu Unrecht der Werwolfzugehörigkeit beschuldigt, im sogenannten Speziallager 2 interniert. Unter elenden Lebensumständen starben in diesem Lager noch einmal etwa 7 000 Menschen. Zu ihrem Gedenken wurde eine 1990 vorerst provisorisch angelegte Grabes- und Erinnerungsstätte eingerichtet. Doch noch immer sind unzählige Fakten dieser Jahre aufzuarbeiten.

The belfry of Buchenwald on the Ettersberg is visible from far away to remind the people of what happened there. Together with the memorial it was dedicated in 1958.
The bell coldly reverberates over the large square, with its monument created by Fritz Cremer, down to the big ring graves and the Street of Nations.
Nearly 250,000 people were imprisoned in this concentration camp which was opened by the nazis on the 16th of July in 1937. People from all over Europe, Jews, Sinti, Roma, homosexuals and political prisoners were forced to work under unimaginable and barbarous conditions. Torture and the misuse of prisoners for medical experiments were part of the daily »life«. Over 56,000 people lost their lives until the tortured inmates were able to liberate themselves from their oppressors. On the 12th of April in 1945 American troops arrived in the camp.

The castle Ettersburg, situated on the northern side of the Ettersberg, played a mayor role in Weimar's history. A former monastery from the 11th century was replaced by a three winged castle in 1706 by Duke Wilhelm Ernst. Later a baroque hunting seat was included in the castle.

Zu den wenigen erhaltenen Gebäuden des KZ Buchenwald gehört das Lagertor, das die Gefangenen höhnisch mit dem Lagerspruch »Jedem das Seine« empfing.

Im Hintergrund des riesigen kahlen Appellplatzes ragt der hohe Schornstein des Krematoriums in den Himmel. Es ist heute Teil des Buchenwald-Museums, das den Besuchern die grausame Geschichte des Konzentrationslagers veranschaulicht.

In der Historie Weimars spielt das Schloß Ettersburg am nördlichen Hang des Ettersberges eine bedeutende Rolle. Die Grafen von Querfurt richteten hier schon im 11. Jahrhundert den Augustinern ein Chorherrenstift ein. In der Reformationszeit verließen diese das Stift, und 1706 bis 1712 entstand an dessen Stelle unter Herzog Wilhelm Ernst ein dreiflügeliges Schloß. In die Anlage wurde später ein barockes Jagdschloß einbezogen. Es erhielt sein endgültiges Aussehen zwischen 1723 und 1739 und später noch eine ansehnliche Freitreppe. Die barocken Formen gehen auf Johann Adolf Richter und Gottfried Heinrich Krone zurück, die gleichzeitig das Schloß Belvedere auf der südlichen Anhöhe vor der Stadt errichteten.

Anna Amalia hielt sich im Sommer gern hier auf und veranstaltete eine Reihe, oft

von Goethe arrangierte, Theateraufführungen in ihrem Liebhabertheater im Park oder im Schloßsaal.
Die abgelegene Stille des Ettersburger Schlosses half 1800 auch Friedrich Schiller, seine »Maria Stuart« fertigzustellen. Zum Bauensemble gehören außerdem eine Mitte des 19. Jahrhunderts auf den Resten der gotischen Stiftskirche umgestaltete kleine Kirche und eine attraktive Parkanlage aus der gleichen Zeit mit dem sogenannten Pücklerschlag, einer großen, hangaufwärts in den Wald hineingesetzten Wiese, die den Blick von den Räumen des Schlosses aufnimmt und ihm angenehme Weite verleiht. Die Vorschläge dazu stammten vom Fürsten Heinrich Pückler-Muskau, dem Landschaftsgestalter und Schriftsteller, der in den Befreiungskriegen als Generaladjutant Carl August zur Seite gestanden hatte.

Der Fußweg hinauf nach Belvedere streift den sowjetischen Friedhof. Hier wurden von 1946 bis 1990 Soldaten und Angehörige der Roten Armee bestattet. Die nach 1938 dort angelegten Gräber regionaler NS-Führungskräfte waren gleich nach dem Krieg beseitigt worden. Das Schloß Belvedere entstand einst aus einer schlichten Fasanerie. Herzog Ernst August ließ 1724 das Rokoko-Schloß nach dem Wiener Vorbild mit großem finanziellem Aufwand bauen.

The rococo castle Belvedere was built based on a Viennese model by Duke Ernst August. Today it is one of the most important baroque buildings in Weimar because of the main building which fascinates the eyes with its small delicate tower and its side wings, the great passages, the »Kavaliershäuser« (houses of the gentlemen) on the sides of the forecourt, the orangery and the house of the gardener.

The orangery of Belvedere, the winter house for tropical and subtropical tub plants, is a representative part of the baroque garden which is still as popular as in Bertuch's time.

In the 19th century Duke Carl August handed over Belvedere to his son Carl Friedrich and his wife Maria Pawlowna. In memory of her home Pawlowsk, the Duchess had her family's baroque garden redesigned in Belvedere. The »Russian garden« East of the castle imitates the paths of leaves and ornaments of its much larger model. Later a small maze was added.

Mit seinem turmbekrönten Mittelbau und den Seitenflügeln, den großen Durchfahrten, den Kavaliershäusern an den Flanken des Vorplatzes, der Orangerie und dem Gärtnerhaus gehört es heute zu den wichtigsten Barockbauten Weimars. Aber erst unter der Regentschaft von Anna Amalia nahm Belvedere nach und nach den Status einer Sommerresidenz an; die 1756 angelegte Belvederer Allee und der ab 1766 umgestaltete und erweiterte Park begünstigten diese Entwicklung. Auch ihren Sohn Carl August ließ die Herzogin im Sommer mit seinen Erziehern Wieland und Görtz auf dem Schloß wohnen und arbeiten – ganz nach Rousseau: »Laßt uns zur Natur zurückkehren«.

Mehr noch als das Schloß machen den Reiz von Belvedere heute Park und Orangerie aus.

Die Orangerie, das Winterhaus für die tropischen und subtropischen Kübelpflanzen, bildet einen repräsentativen Bestandteil des barocken Gartens und erfreut sich wie zu Bertuchs Zeiten – er gab mit großem Erfolg die erste Bestandsaufnahme der vielen Hundert Pflanzen, den »Hortus Belvedereanus«, dreisprachig heraus – größter Beliebtheit. Umgeben von scharfgezirkelter Gartenarchitektur stehen die großen Glashäuser der beiden Flügel rechts und links des Gärtnerhauses in angemessener Würde den zum Teil uralten Pflanzen zur Verfügung.

Im 19. Jahrhundert übergab Carl August seinem Sohn Carl Friedrich und dessen Frau Maria Pawlowna Belvedere. Die Fürstin ließ die bereits begonnenen Arbeiten am Park im englischen Stil fortsetzen und den Blick auf die Stadt öffnen.

Als Erinnerung an ihr Heimatschloß Pawlowsk ließ sie den Barockgarten ihrer Familie, »Russischer Garten«

genannt, östlich des Schlosses mit Laubengängen und Figurenschmuck nachgestalten. Ein kleiner Irrgarten wurde später angefügt.

Die verzweigten Wege des Parks führen südlich in die Senke des Possenbachs hinab, laufen im Wald am anderen Ufer aus und weisen die Richtung des berühmten Goethe-Wanderweges nach Großkochberg, dem Landsitz der Familie von Stein. 1733 hatten die Freiherren von Stein das alte Gut der Ritter von Kochberg erworben.
Das dicke Mauerwerk des Ostflügels stammt wahrscheinlich aus dem 14. Jahrhundert. Ihm folgte nach dem dreißigjährigen Krieg ein westlicher Anbau. Umgeben von einem breiten Wassergraben liegt das Anwesen nur über Brücken erreichbar romantisch am Rande des kleinen Ortes bei Rudolstadt.
Eine schmale, holzgedeckte Brücke führt vom Schloß in den liebevoll gestalteten parkartigen Garten.
Maßvoll dimensioniert erstreckt er sich bis zum nahen Waldrand. Die Hand eines klugen Gärtners gestaltete ihn mit verträumt verschlungenen Wegen zu einem Blumengarten, Sonnenwiesen und stillen Plätzen.
Eine verspielte Wasseranlage mitten im Grün der Bäume und Sträucher verwöhnt mit behaglicher Ausgeglichenheit.

Goethe's famous footpath leads from Weimar to the country estate of the family Charlotte's von Stein in Großkochberg. The old seat of the knights of Kochberg was bought in 1733. The thick walls of the east wing date back to the 14th century. During the Thirty Years' War a new part at the west side was added. Surrounded by a broad moat the romantic castle can only be entered via bridges.

In diesen Gefilden war auch der junge Goethe zu Haus. Oft war er bei Frau von Stein zu Gast. Eine kleine Ausstellung gedenkt dieser Zeit zwischen 1775 und 1788.
Charlottes Sohn Karl ließ das kleine Liebhabertheater in barocken Formen bauen, nachdem er Schloß und Gut von seinen Eltern übernommen hatte. In dem großzügig eingerichteten Saal bemühte er sich mit unterschiedlichem Erfolg sehr um Geselligkeit und Kultur. Das Theater wird noch immer bespielt und erlebt reizvolle Inszenierungen.

Charlotte von Stein's son Karl had a little theatre built in baroque style after he had inherited the estate from his parents. In his strive for recognised social and cultural events he was only partially successful. The generously furnished theatre is still a site where attractive performances take place.

The small village Gelmeroda is famous for its church spire which was the inspiration for the later Bauhaus artist Lyonel Feininger. When he saw it for the first time in 1906 it impressed him so deeply that it became a central motive in his creative work for decades. Feininger's paintings of this spire are to be found in many collections and galleries world-wide and made Gelmeroda a well-known term in art. Feininger not only painted Gelmeroda but the countryside in general attracted him. He was seen drawing everywhere in Weimar's surrounding villages like Vollersroda, Daasdorf or Mellingen.

Wer Weimar nach Süden in Richtung Autobahn verläßt, fährt durch ein kleines Dorf, von dem man meist nur die hoch in den Himmel ragende Spitze des Kirchturmes wahrnimmt.
Die Kirche in Gelmeroda hat schon den späteren Bauhauskünstler Lyonel Feininger inspiriert, als er 1906 zum ersten Mal in Weimar weilte. Sie wurde zu einem zentralen Motiv, das den Künstler über Jahrzehnte beschäftigte. Zahlreiche Bildlösungen in verschiedenen Techniken und Variationen bereichern heute Sammlungen und Museen auf dem ganzen Erdball und erhoben Gelmeroda zum Kunstbegriff.
Feininger zog es zum Zeichnen stets über Land in die Dörfer der Weimarer Umgebung, nach Vollersroda, Daasdorf, Umpferstedt, Oberweimar oder Mellingen.

Um die Grabstätte Wielands macht die Ilm ehrfürchtig einen Bogen und gräbt sich am anderen Ufer in das Land hinein.
Dieser ehrwürdige Ort befindet sich in der stillen Abgeschiedenheit des Gutes Oßmannstedt, das Wieland besonders liebte.
Befreit vom Weimarer Mief zog er freudig erregt 1797 hier ein und begann sogleich, mit seiner Familie die Ländereien zu bestellen.
Häufig kündigte sich Besuch auf dem weitläufigen Gut an, und Wieland empfing ihn gern. In dem großen Gutshaus ließ es sich leben und denken. Das üppige barocke Wasserbecken sprudelte fleißig in der ländlichen Idylle.

Doch das lang ersehnte Glück war nur von kurzer Dauer. Schon 1803 mußten die Wielands vornehmlich aus finanziellen Gründen das Gut aufgeben und sich wieder eine Wohnung in der Stadt nehmen.

Die Straße nach Weimar verläuft bei Tiefurt einen Hang entlang, der steil zur Ilm hinabfällt. Den Blick durch die Bäume auf die große Wiese vor dem Schloß gibt nur der Winter frei.
Zwischen Oßmannstedt und Tiefurt schlummern noch zwei Dörfchen, deren Glanzlichter erst in letzter Zeit wieder vom Staub vergangener Jahre befreit werden.

Wieland moved with pleasure to Oßmannstedt in 1797. As soon as they arrived the family started to cultivate the fields. Often they had guests and Wieland loved to receive them on his large estate. In the generously built main building the atmosphere was pleasant for living and thinking. However, the happiness was only of short duration. Financial problems forced the family to move back into the city in 1803.

The little church in Denstedt is the home of a very special piece of art. The magnificent organ was built in 1860 by the famous brothers Peternell from Seligenthal. In 1980 the instrument was rediscovered and reconstructed. Since then concerts have attracted a large audience.

So schützt die kleine Pfarrkirche in Denstedt unter ihrem Dach ein Kunstwerk ganz besonderer Art. »Silbermann des 19. Jahrhunderts« nannte der Hoforganist Alexander Wilhelm Gottschalg das prächtige Denstedter Musikinstrument. 1859 bis 1860 schufen die Gebrüder Peternell aus Seligenthal bei Schmalkalden diese Orgel, die ihre Disposition vom wichtigsten Orgelbautheoretiker des 19. Jahrhunderts, dem Weimarer Stadtorganisten Johann Gottlob Töpfer, erhielt.

Ihren heute geläufigen Namen verdankt sie Franz Liszt, der für dieses Instrument drei Bach-Bearbeitungen schuf und hier gemeinsam mit Gottschalg »Orgelconferenzen« und »Privatkonzerte« veranstaltete.

Die 1993 restaurierte Orgel wurde 1980 durch einen aufmerksamen Weimarer Organisten wiederentdeckt und lockt seitdem ein zahlreiches Publikum zu den »Denstedter Orgelmusiken«.

Nur einen Steinwurf weiter liegt das Dörfchen Kromsdorf, in dem Georg

Albrecht von Kromsdorf in der zweiten Hälfte des 16. Jahrhunderts ein Renaissanceschloß bauen ließ, das trotz wechselhafter Geschichte sein ursprüngliches Antlitz bewahrte.
Eine hohe Umfriedungsmauer schützt den Garten aus dem 17. Jahrhundert. In die innere Wand sind 64 Nischen eingelassen, die mit Büsten historischer Persönlichkeiten zu interessieren wissen. Vom französischen König Ludwig XIV., August dem Starken und Titus über Karl V. zu König Mani von Kongo sind Große der Geschichte vereint.
Später ging das Schloß in Weimarer Besitz über. Herzog Wilhelm Ernst erwarb die Anlage und machte daraus eine Sommerresidenz mit einem Lustgarten. Danach kümmerte sich die unermüdliche Maria Pawlowna um den inzwischen arg vernachlässigten Kromsdorfer Besitz, richtete ein Damenstift im Schloß ein und ließ den Garten neu erblühen.
Heute ist es Privatinitiativen und Vereinen auferlegt, die Bemühungen um diese schöne Anlage im Schatten der klassischen Stätten von Weimar fortzusetzen und einen Ort der Kultur, der Bildung und der Erholung zu schaffen.

Aus einem einfachen Gutspächterhaus am Rande Tiefurts entstand ab 1775 eine weitere Sommerresidenz für die Weimarer Fürsten, in der zunächst Prinz Constantin mit seinem Erzieher Knebel lebte. 1781 verlegte die Herzogin Anna

Only a stone's throw away is the little village Kromsdorf. The Renaissance castle built in the second half of the 16th century by Georg Albrecht von Kromsdorf was later made into a summer residence by Duke Wilhelm Ernst. Later the little estate with its beautiful garden was forgotten until the Grand Duchess Maria Pawlowna gave new life to the castle and its garden. Here she established a charitable foundation for ladies. Visitors will find the garden wall with its busts of 64 historical figures ranging

from Louis XIV to Carl V especially fascinating.

The plain former tenant's house in Tiefurt was turned into one more summer residence for the Weimarian princes in 1775. In 1781 that Duchess Anna Amalia changed her summer residence from Ettersburg to Tiefurt.
The little, plain castle is worth seeing not only because of the many famous guests it accommodated and its beautiful and pleasant park but also because of its very interesting museum.

Amalia ihren Sommersitz von Ettersburg nach Tiefurt. Sie ließ die Räume verändern und setzte die Gestaltung des Parks im englischen Stil mit Architekturen und Denkmälern fort.
Den reizenden Park um den großen Ilmbogen und das kleine, einfache Schloß belebten seitdem viele namhafte Gäste, bis Anna Amalia 1806 vor den anrückenden Franzosen flüchten und Tiefurt verbittert verlassen mußte.
Es war ein Abschied für immer.
Das Tiefurter Leben war geprägt von Geselligkeit, vom ungezwungenen Umgang miteinander, frei von höfischer Etikette. Die Räume des Schlosses enthalten Hinweise auf seine Bewohner. Für den häufigen Gast Goethe wurde eigens ein Zimmer hergerichtet. Ebenso ist das Zimmer Luises von Göchhausen, einer Hofdame Anna Amalias, unverändert erhalten. Sie war an der Herausgabe des »Tiefurter Journals« beteiligt. Diese Zeitschrift, die zwischen 1781 und 1784 siebenundvierzig Mal in nur elf handschriftlichen Exemplaren erschien, ist beredtes Beispiel des Tiefurter Geisteslebens – mit literarischen Beiträgen, Rezensionen zu Aufführungen des Liebhabertheaters und Erstveröffentlichungen unvergeßlicher Lyrik.

Dieses rege Geistesleben und die Anziehungskraft der klassischen Denkerkreise in der Umgebung des Weimarer Fürstenhauses verdeutlichen einmal mehr den Schaffenswillen in jener Zeit. Wann immer sich Kunst, Kultur und Fortschritt entfalten konnten, wurde es durch Persönlichkeiten in den stadt- und staatslenkenden Gremien möglich, die, dem Zeitgeist offen und die notwen-

digen Entwicklungen begreifend, sich Anerkennung und Förderung nicht verschlossen.

Das kleine Weimar erlebte und begrüßte viele Menschen von Weltformat in seinen Häusern und Gassen. Überall finden sich Zeugnisse älterer und jüngerer Vergangenheit, heller und dunkler Kapitel der Stadt, die jährlich Millionen anlocken.
Am Ende des zwanzigsten Jahrhunderts erhält Weimar erneut eine große Chance, Geschichte zu schreiben.
Mit der Wahl zur Kulturhauptstadt Europas 1999 sind kluge Geister und kreative Manager gefordert, an die großen Leistungen anzuknüpfen, die mit Weimar stets in einem Atemzug genannt werden.
Dabei gilt es, die Identität der Stadt nicht allein auf die klassischen Errungenschaften zu beschränken. Es geht auch um den Blick nach vorn, um nicht eines Tages am Desinteresse der Weltöffentlichkeit zu scheitern. Nur so wird Weimar als Kulturhauptstadt von internationalem Rang eine Zukunft beschieden sein.

The small Weimar saw many people with world-wide fame in its houses and narrow lanes. Everywhere evidence of its older or more recent, of its dark or bright history is to be found. Every year thousands of people wander through the city on the traces of all these historical personalities.
Now at the end of the twentieth century Weimar once again has the chance to make history. The election of Weimar for the cultural capital in 1999 is a challenge for intelligent and creative minds as well as managers to continue the great history and tradition of Weimar.
However it is important to look forward and not to restrict Weimar's identity to its classical achievements. That could provoke a disaster and end in the indifference of the world. Only if Weimar can prove that it is still an open-minded and benevolent place for new ways in art and culture will it be able to justify the reputation it still has in Europe and all over the world.

1. Auflage

Lektorat: Ulrike Fritzsching
Gesetzt aus ITC Garamond Condensed
Fotos: Seite 6, 52, 57, 78, 98, 111, 114, 124
von Constantin Beyer
Foto: Seite 9
von Hans-Dieter Kluge
Foto: Seite 59
von Philipp Wiegand
Satz und Layout: satzzeichen, Leipzig
Einbandgestaltung: Dietmar Senf
Reproduktion: Steidl, Göttingen
Druck und Binden: Steidl, Göttingen
ISBN 3-86189-082-8